岩 波 文 庫

34-030-1

現代議会主義の精神史的状況

他 一 篇

カール・シュミット著
樋 口 陽 一 訳

岩 波 書 店

DIE GEISTESGESCHICHTLICHE LAGE
DES HEUTIGEN PARLAMENTARISMUS

by Carl Schmitt

1923

凡例

一、本書はカール・シュミット(Carl Schmitt, 1888-1985)の *Die geistesgeschichtliche Lage des heutigen Parlamentarismus*, Duncker & Humblot, 1923 および "Der Gegensatz von Parlamentarismus und moderner Massendemokratie," *Hochland*, Bd. 23, 1926 (in: *Positionen und Begriffe im Kampf mit Weimar-Genf-Versailles 1923-1939*, Hanseatische Verlagsanstalt, 1940)の全訳である。訳文は、長尾龍一編『カール・シュミット著作集Ⅰ』(慈学社、二〇〇七)所収の樋口陽一訳「現代議会主義の精神史的状況」および「議会主義と現代の大衆民主主義との対立」をもとに、補正を施した上で必要な編集作業を行なった。

一、原文の( )および„ “は、( )および「 」とした。訳者による補いは角括弧〔 〕とした。

一、強調のための傍点は、原文の隔字体(ゲシュペルト)およびイタリックに対応させた。

一、注は、章ごとに(1)、(2)と注番号を付し、本論のあとに示した。

一、人名等、固有名詞の表記については、原則として日本での慣例と判断されるものに従った。

一、現在、本原書については、一九二六年に刊行された第二版と同じ形で重版されているテキストを参照するのが通例となっている。そのことを踏まえ、第二版で本文および注に加筆されあるいは言い換えられた部分は、原則として本訳書に組み入れ、その箇所をゴシックの【　】(ブラケット)で示した。第二版で追加された強調箇所は白ヌキの傍点で示した。また、読みやすさを考慮し、第二版で付された小見出しを採用するとともに、三カ所増えている改行位置も第二版に従った。

一、巻末に編集部の作成による人名索引を付した。

目次

現代議会主義の精神史的状況（一九二三年）

序言

議会主義が存在してこのかた、その議会主義を批判する文献もまた、展開してきた。まず、もとよりのことであるが、反動と王政復古の土壌のうえで、すなわち、議会主義との闘争において屈服させられた政治上の敵対者のもとにおいてである。それに加え、実際上の経験がふえるにつれ、政党支配の欠陥が指摘され、強調された。最後に、もうひとつの原理的な立場、左翼急進主義の側からの批判があらわれる。かようにして、ここでは、左と右の諸傾向、保守的、サンディカリスム的および無政府主義的な議論、君主主義的、貴族主義的および民主主義的観点が、たがいにむすびつく。今日の状況の最も簡潔な総括は、イタリア上院で上院議員モスカが一九二二年一一月二六日、ムッソリーニ政府の内政および外交についての討議の際に行なった演説のなかに、見いだされる。それによれば、議会主義的制度の欠陥に対する救済手段として、三つの抜本的な解決が提示されている。すなわち、いわゆるプロレタリア独裁か、多少とも隠蔽された官僚絶対主義(un assolutismo burocratico)への復帰か、そして最後に、サンディカリスム的支配形態、すなわち、今日の議会における個人主義的な代表を、組合組織によってとってかえることか、である。モスカは、この最後のものを、議会主義的制度の最大の危険とみたのであったが、それは、サンディカリスムが学理上の見解や感情論ではなくて、現代社会の経済的組織に由来しているからである。それに反してH・ベルテルミは、その『行政法概論』(*Traité* 〔*élémentaire*〕 *de droit administratif*)の最近の(第一〇)版の序文でこの問題について述べているのであるが、まさしくサンディカリスムを、論ずるに値しないものとして扱っている。かれは、議員たちが権力の混同の危険を認識して自分たちの政党のごたごたをやめ、内閣の一定の安定性について顧慮するようにすれば十分だ、と考えている。その他の点では、かれは、地方主義や産業主義(すなわち、経済生活の方法の政治への転用)のなかに国家に対する危険を見てとるのであるが、他方、サンディカリスムについて、「権威の服従者たち自身から権威が発し、かつ、まさに統制の対象たるべき者たちに統制権がゆだねられているとき」にはすべてうまくゆく、などと信じている理論をまじめにとりあげることはできぬ、というのである。官僚行政の貫徹という観点からすれば、この意見はきわめて正しい。しかし、統治のすべての権威が被治者から由来するという民主主義的教理は、そのさいどうなるのだろうか？

ドイツでは、長いこと、職能身分的な考えかたと傾向の伝統があったのであり、それにとっては、近代議会主義への批判は、なんら新しいものではなかった。それとならんで、とりわけ近年になって、とくに一九一九年以来の日常的な経験にもとづく一連の著述があらわれた。数多くの新聞論説やパンフレットのなかで、議会主義的活動のしつこい欠陥や不足さが強調された。すなわち、政党の支配、その不明朗な人的政治、「しろうとの統治」[と内閣の危機の継続]、議会演説の無目的性と陳腐さ、議会主義的な流儀作法の水準の低下、混乱をもたらすような議事妨害方法、議会主義そのものを嘲笑する過激な反対党による、議員の不可侵権と特権の濫用、品位を失墜させる日当制の慣行、適材でない院内人事、などである。また、それ自体としてはずっと前から知られていた、次のような観察の印象が、しだいに広まっていった。すなわち、比例代表制および名簿方式は、選挙民と議員との間の関連をなくしてしまい、[その不可欠の手段である会派強制によって]いわゆる代表原理（ライヒ憲法二一条「議員は全国民の代表である。議員はその良心のみに従い、委任に拘束されない」）は無意味になる。さらに、本来の活動は本会議の公開の討議においてではなく委員会において行なわれ、[しかも、必ずしも議会の委員会で行なわれるわけでは決してなく、] 重要な諸決定は、諸党派の指導者たちの秘密の会合で、[それどころか議会外の委員会で] なされ、その結果、あらゆる責任の転移とたなあげが生じ、[かような仕方で、] 議会主義的な制度全体が結局のところ、諸政党や諸々の経済的利益主体の支配を飾る悪しき門構えにすぎぬものになっている、というわけである。(1) さらには、このような議会主義的制度の民主主義的基礎に対する批判がつけ加わる。そのような批判は、一九世紀の中葉にはもっと感情論の要素がつよく、西ヨーロッパ的教養のふるい古典的伝統、教養なき大衆の支配への教養ある人びとのおそれに起因していた。それは民主主義に対する恐怖であり、その典型的表現をわれわれはヤーコプ・ブルクハルトの書簡のなかに見いだすことができる。そのような批判にかわって、ずっと前から、政党がその選挙宣伝を行ない、大衆を操作し、公論を支配するところの方法と手段の研究が、行なわれてきた。この種の著述の典型としては、現代民主主義の政党についてのオストロゴルスキーの著作〔*La démocratie et l'organisation des partis politiques*, 1903〕をあげることができる。ベロックの『政党制』(*Party System*)は、このような批判をポピュラーなものにした。

政党生活の社会学的研究――最大のものはロベルト・ミヒェルスの有名な書物である――は、多くの議会主義的幻想と民主主義的幻想を、その両者を正確には区別していないが、破壊した。社会主義者でないものたちもまた、新聞と政党と資本の結合をついには認識し、政治は経済的現実の投影にすぎないと論じた。

全体としては、これらの著述を、おそらくは周知のものとして前提することができよう。以下の研究の学問的関心は、これらの著述の正しさを確認したり反駁したりすることにむけられるのではなく、近代議会制度の究極の核心にふれようとすることにむけられる。そうすることによっておのずと、今日支配的な政治や社会の思考の流れにとってはもはや、近代議会主義を成立させた体系的基礎がどれほど、把握できないものになっているか、この制度がその基礎を道徳的および精神的にどれだけ喪失してしまい、空虚な装置として、単に機構的な惰性により、自分の重みで(mole sua)まだ維持されているにすぎないのか、ということが明らかとなるであろう。政治や社会の思考の流れがそのような状況を精神的に自覚しているときにのみ、改革の提案はひとつの地平を獲得することができる。民主主義、自由主義、個人主義、合理主義などの概念は、すべて近代議会主義と関連づけられているのであるが、それらを、もっと適切に区別することが必要であり、そうすることによって、これらの概念は、たまさかの性格規定や標語であることをやめるのであり、また、戦術的・技術的な問題から精神的な原理へと最終的に到達しようとする希望の門出が空しく終わることは、二度となくなるのである。

第一章　民主主義と議会主義

一九世紀については、政治上および国家理論上の思想の歴史が、ひとつの単純な標語でもって概観されうる。すなわち、民主主義の凱旋行列ということである。西ヨーロッパ文化圏のいかなる国家も、民主主義の思想と制度の伝播に耐えぬいたものはなかった。プロイセン王制におけるようにつよい社会的力が抵抗したところでもまた、民主主義の信念にうち勝つことのできるような、自国の範域を超えて作用する精神的エネルギーは、欠けていた。進歩は、まさしく民主主義の伝播と同義であり、反民主主義的な抵抗は、単なる防衛であり、過去の遺物の弁護であり、新しいものに対する古いものの闘争なのであった。政治および国家についての思考のどの時期も、その時代にとって特殊な意味で自明に見え、おそらく多くの誤解と神話化のもとでとはいえ、広汎な大衆にとって議論の余地なくはっきりしているような、諸観念をもっている。一九世紀において、また、二〇世紀にはいっても、この種の自明性と明証性は、たしかに、民主主義のがわにあった。ランケは、国民主権の思想を時代の最強の思想だとし、また、それと君主主義の原理との対決を、一九世紀の指導的傾向だとした。その間に、対決はさしあたり民主主義の勝利をもって終わったのであった。

一九世紀の三〇年代以来、精神的な時局性の感覚をもっているすべてのすぐれたフランス人のもとで、ヨーロッパはのがれがたい運命のもとにあるかのように民主主義的にならざるをえない、という確信がしだいにひろまっていた。アレクシス・ドゥ・トクヴィルがそのことをたしかに最も深く感じ、そして語っていた。ギゾーは、民主主義的混沌へのおそれを知っていたにもかかわらず、そのような確信によって支配されていた。神の摂理は民主主義の側にあるように見えていた。それについては、しばしば繰り返されるひとつの比喩があった――一七八九年以来いかなる堤防もせきとめることができなかった、民主主義の奔流という比喩である。テーヌがかれのイギリス文学史において、民主主義の発展について行なった印象的な叙述も、ギゾーの影響のもとにある。(1) このような発展はいろいろに評価された。トクヴィルは、ブルジョワ化した人類、「勤勉で臆病な動物の群」への貴族的なおそれをもってそれを評価した。ギゾーはおそるべき潮流を規制できるようにのぞんだし、ミシュレは、「民衆」の自然的善性への熱狂的な信念をもち、ルナンは、学者的な嫌悪と歴史家的懐疑をもっていた。社会主義者は、民主主義の真の相続人だと確信していた。一九世紀の新しい思想としてあらわれてきた社会主義もまた民主主義との提携にふみきった、ということは、民主主義の思想の注目すべき明証性のひとつの証拠である。多くの人びとは、社会主義を、既存の王制と連合させようとした。自由主義的ブルジョワ層は、保守的王制にとってもプロレタリア大衆にとっても、共通の敵だったからである。この戦術的な提携は、なるほどいろいろな結びつきかたであらわれ、イギリスでもディスレリのもとで成功をおさめたが、最後の結果においては、またもや民主主義のみに有利になるのであった。ドイツでは、この点については、かなわぬ願望、「ロマン的社会主義」にとどまった。ドイツでは労働者大衆の社会主義的組織は、まさに進歩的・民主主義的思考をつよくひきついだので、その思想の急進的な第一線戦士としてたちあらわれ、ブルジョワ的民主主義をはるかに凌駕したのであり、また、その社会主義的要求だけでなく、民主主義的要求をも同時に実現させる二重の課題をもったのであった。これら二つの要求は同じものとみなされた。両方とも進歩および未来としてみなされたからである。

かようにして、民主主義は、抗しがたく到来しひろがってゆく力を備えた明証性を伴っていた。それが既存の君主主義の否定という本質的に論争的な概念であったかぎりにおいて、民主主義の確信は、他のいろいろな政治的志向と結合し協力しえた。しかし、民主主義が現実となるにつれて、それが多くの主人につかえるものであり、内容的に一義的な目標を決してもたないことが、明らかになった。それは、その最も重要な敵対者である君主主義的原理が消滅したとき、内容の明確さをおのずと失い、あらゆる論争的概念と同じ運命をわかつことになった。まずそれは、自由主義および自由とのまったく自明の結合のかたちで、それどころかそれらと同一視されて、あらわれたのであった。社会民主主義にあっては、それは社会主義と提携した。ナポレオン三世の成功とスイスの人民投票の結果について見れば、民主主義は保守的でも反動的でもありうる——ちなみに、このことをプルードンは予言していた——、ということが確認された。すべての政治的方向が民主主義を利用できたとき、それはいかなる政治的内容をももたず、単にひとつの組織形態にすぎぬ、ということが実証されたのである。民主主義のたすけをかりて獲得しようとしたその他の政治的内容を度外視したとき、民主主義がそれ自身として、単なる形式にすぎないものがどのような価値をもつかを、自問しなければならなかった。この問いは、民主主義を政治の領域から経済の領域に応用しようとすることによってそれに内容を与えようとするやりかたによっては、解答が与えられなかった。かような、政治的なるものの経済的なるものへの転用は、数多くの出版物のなかに見いだされる。イギリスのギルド社会主義は、みずから経済的民主主義と名のっている。立憲的国家と立憲的工場の周知の類比は、可能なすべての方向に広げられた。実はそうすることは、民主主義の概念の本質的な改変を意味した。というのは、経済において契約自由［と私法］が支配しているかぎり、政治的な観点は経済的諸関係には転用されえぬからである。マックス・ウェーバーは、その論文『新秩序ドイツにおける議会と政府』(*Parlament und Regierung im neugeordneten Deutschland*)（一九一八年）のなかで、国家は社会学的には大きな企業にほかならず、今日では経済的管理装置、工場および国家はもはや本質的にちがうものでない、と述べた。ケルゼンはそこから、『民主主義の本質と価値〔初版〕』(*Vom Wesen und Wert der Demokratie*)（一九二〇年、『ハンス・ケルゼン著作集Ⅰ』慈学社に長尾龍一訳で所収）のなかで、［はやまって］つぎのような結論をひき出した——「それゆえ、実際、両者において組織問題もまた基本的に同じであり、民主主義は国家の問題であるだけでなく、経済的企業の問題でもある」と。しかし、政治的な組織形態が近代の経済と同様に私法の基礎のうえに建てられるとき、それは、政治的であることをやめる。なるほど、国家における絶対的支配者である君主と、自己の企業における(もちろん政治におけるのとはまったくちがう意味であるが)絶対的な支配者である私資本主義的企業家とのあいだには、類似がある。どちらの側にも、服従者の協働の可能性がある。しかし、権威[、公的性格]および代表の形式と内容は、本質的に異なっている。それに、また、まったくちがう経済的前提のもとでつくられた政治形態を、類比の方法でもって近代の経済的要素に適用すること、周知の経済学のイメージを利用して言うなら、上部構造のある様式を本質的にちがう下部構造に転用することは、およそ経済学的思考のルールに反することになろう。

民主主義的に組織化されたさまざまの国民あるいは社会的、経済的集団は、抽象的にのみ、同じく「国民」とよばれる。具体的には、大衆は、社会学的および心理学的に異質である。民主主義は、軍国主義的でも平和主義的でもありうるし、進歩的でも反動的でも、絶対主義的でも自由主義的でも、集権的でも分権的でもありうる。そしてさらに、すべてはさまざまの時期ごとにさまざまであり、だからといって民主主義であることをやめるわけではない。経済の領域への転用によっては民主主義にどんな内容も与えることができぬ、ということは、かような単純な事態をみればおのずと明白なはずである。それなら民主主義について何がのこるのか？　民主主義の定義にとって、一連の同一性ということがのこる。下された決定は決定する者自身にとってのみ妥当する、ということが民主主義の本質に属する。そのさい多数決によって敗れた少数派が無視されなければならぬ、ということは、理論上かつ外見上のみ困難をひきおこすにすぎない。実際は、そのことは、民主主義の論理のなかでたえずたちあらわれてくる同一性にもとづいており、また、多数決で敗れた少数派の意思は実は多数派の意思と同一なのだという、――やがて明らかになるような――本質的に民主主義的な論拠にもとづいている。『社会契約論』(*Du contrat social*, 桑原武夫・前川貞次郎訳、岩波文庫)(第四篇第二章第八項)中の、しばしば引用されるルソーの下記の叙述は、民主主義的思考にとって基本的なものであり、さらに、古い伝統に合致する。それは、かなりの程度において言葉どおり、ロックにおいても同様にあらわれていた。民主主義において、市民は、その意思に反する法律にも同意する。というのは、法律は一般意思(volonté générale)であり、結局は自由な市民の意思なのだから。それゆえ市民は、本来、具体的内容に同意を与えるのではなくて、抽象的に、結果に対し、すなわち投票から生ずる一般意思に対して同意を与えるのである。市民は、そのような一般意思を知る手がかりである投票の集計を可能にするためにのみ、その投票を行なう。その結果がある個人の投票の内容からずれるときは、敗れた者は、自分が一般意思の内容について誤認したのだと知るのである。「それは、私が誤っており、私が一般意思だと考えていたことがそうではなかった、ということを示すものにほかならない」。そして、ルソーがはっきりと続けて言っているように、一般意思は真の自由と合致するものであるから、敗れた者は自由でなかったことになる。このジャコバン的論理でもって、周知のように、多数者に対する少数者の支配をも正当化することができる。しかも、まさしく民主主義の名のもとにである。民主主義の原理の核心、すなわち法律と国民意思との同一性の主張は、そのさい維持されつづけている。すべての（未成年者をもふくめた）国家市民の絶対的に一致した意思というものが決してありえないとすれば、多数の意思を国民の意思と同一視するか少数の意思を国民の意思と同一視するのか、ということは、抽象的論理としては、本来まったくちがいがない。

選挙権がより多数の人間にしだいに広く流布してあたえられるとき、それは、国家と国民の同一性を実現する努力のひとつの徴候である。その基礎には、同一性を現実のものとして承認するための前提についての、一定の考えかたがある。そのことはまた、論理的にはすべての民主主義の論拠が一連の同一性のうえにもとづいているという根本思想を、少しも変えるものではない。この一連の同一性には、治者と被治者との、支配者と被支配者との同一性、国家の権威の主体と客体との同一性、国民と議会における国民代表との同一性、〔国家とその時々に投票する国民との同一性、〕国家と法律との同一性、最後に、量的なるもの（数量的な多数、または全員一致）と質的なるもの（法律の正しさ）との同一性、である。

しかし、かような同一性はすべて、手にとらえることのできる現実ではなくて、同一性の承認にもとづいている。それは、法的にも政治的にも社会学的にも、現実に等しいものではなくて、同一化なのである。選挙権の拡大、選挙と選挙の間の期間の短縮、人民投票の導入と拡大、要するに、直接民主主義の傾向および制度とよばれるものすべて、また、まさに上述のように同一性の思想によって完全に支配されているものすべては、〔なるほど一貫して民主主義的ではあるが、〕決して、絶対的であり直接的でありあらゆる瞬間に現実に存在しているような同一性には、到達することができない。真の等しさと同一化の結果とのあいだには、いつでも距離がのこる。数百万人によって投ぜられた投票紙の賛否により決定が下されようと、一人の人間がそれと同じ国民の意思を示そうと、〔国民がなんらかのしかたで「喝采」するのであろうと〕国民意思は、当然つねに、国民意思である。意思がどのようにして形成されるのか、ということが重要なのである。少数者は国民の真の意思をもちうるし、国民は誤ることがありうるという、国民意思の理論のきわめて古くからの逆説は、今なお解決されていない。実際、ずいぶん前から、宣伝と世論操作の技術が知られている。この逆説は民主主義そのものと同じくらい古く、決してルソーやジャコバンたちをもってはじめて始まったのではない。近代民主主義の初期においても同じように、急進的民主主義者が、自分たちの民主主義的急進主義を、自分を国民意思の真の代表者として他のものから区別するための選別基準とみなし、そこからきわめて非民主主義的な排他性が生じた、という奇妙な矛盾にぶつかる。まず、実際、真の民主主義の代表者たちだけに政治上の権利があたえられることによって、まさしくその瞬間に、新しい貴族制が成立するのである。これは、あらゆる革命のときに繰り返される古くからの社会的現象であり、決して、一九一八年一一月の社会主義者たちをもって初めてあらわれるのではなく、一八四八年の、いわゆる「前夜の共和主義者たち」(républicains de la veille)がいたるところで示したことであった。民主主義が、真に民主主義的に思考する国民にのみとりいれられうる、ということは完全に首尾一貫している。近代の最初の直接民主主義者であるピューリタン革命の水平派《レヴェラーズ》も、この民主主義の逆説からまぬかれることができなかった。かれらの指導者であるリルバーンは、その著『イングランド人民の法的な基本的自由』(*The Legal fundamental Liberties of the People of England*)(一六四九年)のなかで、高潔な(well-affected)人びとのみが選挙権をもつべきであること、これら高潔な人びとによって選ばれた代表者が立法を完全に手中におさめなければならず、憲法とはこれら高潔な人びとによって署名された契約でなければならないこと、を述べている(2)。

それゆえ、意思形成の問題において自らを否定する結果となるのが、民主主義の運命であるようにおもわれる。急進的な民主主義者にとって、民主主義とは、民主主義のたすけをかりてつくりあげる政治の内容を顧慮することなしに、それ自体としての価値をもつ。しかし、民主主義を排除するために民主主義が利用されるという危険が存在するとき、急進的な民主主義者は、多数に抗しても民主主義者でありつづけるのか、それとも自己を放棄してしまうのかを、決断しなければならない。民主主義が、民主主義に内在する価値の内容を獲得するや否や、人はもはや、何が何でもという(形式的意味における)民主主義者ではありえなくなる。それは奇妙な事実であり必然であるが、決して、抽象的な逆説やソフィスト的な戯れではない。〔(3)〕実際、民主主義者が少数派であるという状況は、きわめてしばしば生ずる。[彼等が一見民主主義的な原理から婦人参政権の味方をし、ついで、婦人はその多数が民主主義的には投票しないものだという経験をする、ということも起こるのである。]こうして、かの国民教育の古いプログラムが開陳される。すなわち、国民は[正しい教育によって、]自分自身の意思を正しく認識し、正しく形成し、正しく表示することができるようになる、というのである。そのことは実際上、教育する者が少なくとも暫定的には自分の意思を国民意思と同一視する、ということを意味するにほかならない。言うまでもないことであるが、生徒が欲するであろうところのことの内容がまさしく教育する者によって決められるのである。この教育理論の帰結は、独裁であり、これからはじめて創造されるべき真の民主主義の名における、民主主義の停止である。そのことは、理論上、民主主義を廃棄するわけでない。それどころか、そのことは独裁が民主主義の対立物ではないことを示しているがゆえに、そのことに着目するのは重要なことである。独裁者によって支配される過渡期のあいだにもなお、民主主義的同一性は支配しうるし、国民の意思だけが決定的でありうる。もちろんそのさい、唯一の実際的問題は同一化ということにかかわっており、国民意思を形成するための手段――軍事的および政治的権力、宣伝、新聞、政党組織、集会、国民教育、学校などによる輿論の支配力――をだれが手中にしているかという問題にかかわっている、ということも、とりわけはっきりと明らかになる。とりわけ、政治的権力は、国民意思に由来しているはずなのに、その国民意思を自分がまずはじめて形成することができるのである。

民主主義的思想の拡大に関しては、今日、おそらく、国民意思とのかの同一性がきわめて共通の前提となったので、それは政治的に興味あるものでなくなり、闘争は同一化の手段をめぐってのみ今では行なわれるようになっている、ということが許されよう。共通に支配的となっている一致をそこで否定するというのは、おろかなことであろう。それは、必要あるときは国民意思に反してでも王位にとどまるのだと公言する勇気をもつ国王は今日では存在しない、という理由によるだけではない。注目に値するようなあらゆる政治権力は、いつの日かなんらかの手段によって同一化を獲得することを期待でき、それゆえに、同一化を拒否すべき利益をもたず、反対に、むしろ同一化を認知させるべき利益をもっているからでもあるのである。

ソヴィエト・ロシアにおけるボルシェヴィキ政府の支配は、なるほど、民主主義の原理の軽視のいちじるしい例としてあげられる。しかし、その支配の理論的論拠は(後の第四章において言及されるべき限定つきでではあるが)、民主主義の軌道の内部にあり、「西ヨーロッパ文化圏の諸国において今日民主主義として何が支配しているかと言えば、新聞と政党に対する資本の経済的支配の偽装、すなわち、偽造された国民意思の偽装にすぎない」、という近時の批判や政治的民主主義の濫用についての近時の経験を、利用したにすぎない。共産主義こそはじめて真の民主主義をもたらしうる、というのである。経済的論拠づけを別にすれば、これはその構造において、かつてのジャコバンの議論である。それと反対の側では、ある王党派の文筆家は、民主主義に対する軽侮をつぎのような文章で表現することができた――今日支配的である公論なるものは、それをいうとおりにあつかえば自分自身の力を放棄することにもなるはずであるほど、ばかげたものであり、なるほど「意味《サンス》をもたぬものに良識《ボンサンス》の行為を要求すること」であるが、「しかし、すこしもばかげていない行為についてばかげた動機《モチーフ》を見いだすことは、いつでも可能ではないのだろうか」[4]と。ここでは、両方の側に一致がある。ボルシェヴィズムの理論家が真の民主主義の名において民主主義を停止するとき、また、民主主義の敵が民主主義を愚弄しようとするとき、前者は民主主義原理の理論的正しさを前提とし、後者は、考慮せざるをえないその事実上の支配を前提としている。イタリアのファシズムだけは、理論上も実際も民主主義の支配を無視したのだ[「民主主義的」であることにおそらくなんらの価値をおいていないようにみえる]が、それを別にすれば、これまで民主主義の原理は争いがたく[普遍的に]承認されている、と言わなければならない。

そのことは、公法の法学的論究にとって、重要である。国法及び国際法の理論も現実も、正統性という概念なしにはすますことができない。それゆえに、今日支配的な種類の正統性が実際上民主主義的なものであるということは、重要なことである。一八一五年から一九一八年までの発展は、王朝的正統性から民主主義的正統性へという、正統性概念の発展として叙述されうる。民主主義の原理は、今日、かつて君主主義の原理が要求したのと同様な意味を要求せざるをえない。それについて詳述することはここでの問題ではないが、少なくとも、正統性のような概念はその構造と内容を変えることなしにはその主体を交替することはできぬ、ということを言っておかなければならない。二種の異なった正統性が存在しており、この概念はいぜんとして不可欠であり、法学者たちはそれをほとんど意識しなくなっているにしても、重要な役割を果たしつづけている。今日、国法上は一般に、あらゆる政府は、民主主義的原理にしたがって成立した制憲議会によって裁可されるまでは、単に暫定的なものとしてしかみなされず、この基礎にもとづかないあらゆる権力は僭奪とみられる。国民は現実にすでに成熟しており、もはやジャコバン的な教育独裁を必要としない、ということが（それはけっして民主主義の原理から出てくることではないが）、まさに承認されている。国際法上は、一国の憲法事項への干渉をどう評価するかという点に、今日広まっている法的確信と、制憲議会を必要だとする正統性概念とが示されている。神聖同盟と今日の国際連盟のあいだの基本的差異としては、国際連盟はその構成国の対外的現状《スタトゥス・クオ》を保障するだけであり、国内的事項へのあらゆる介入を抑制している、ということがあげられている。しかし、君主主義的正統性が干渉にみちびいてゆきうるのと同じ首尾一貫性をもって、諸国民の自決権をひきあいに出すことによってもまた、干渉が正当化されうる。ソヴィエト政府についての米国による公式発言［ソヴィエト政府に対して民主主義的確信からなされた数多くの抗議〕のなかに、憲法が国民意思に反してはならぬという、民主主義的な不干渉原理の本質的な前提が認められる。民主主義原理を侵害して憲法が強いられるとき、国民の自決権が回復されるべきであり、そしてそのことは、まさしく干渉という方法によっておこるのである。君主主義的正統性概念にもとづく干渉は、民主主義的思考にとって不法であるが、それは、その干渉が国民の自決権を侵すからにほかならない。それに反し、干渉によって実現された自由な自決の回復、僭主からの国民の解放は、不干渉の原理をすこしも侵すものではなく、不干渉の原理にとっての前提をつくるものにほかならないであろう。民主主義的基礎にもとづく最近の国際連盟もまた、ひとつの正統性概念を必要とし、それゆえに、その法的基礎である原理が侵されるときは干渉する可能性を、必要としている。〔5〕

それゆえ今日では、多くの法学的研究にとっては、民主主義の政治的現実をつくりあげるすべての同一化を先取りするものという誤解をうけることなく、民主主義的原理の承認から出発することができる。理論上は、危機の時代には実際上もであるが、民主主義は、ジャコバン的議論の前には、すなわち、少数派と国民との決定的な同一視、および、量的なるものから質的なるものへの概念の決定的な転用の前には、無力なものである。したがって、関心は、国民意思の形成に向けられる。すべての権力が国民に由来するという信念は、あらゆる官憲の権力が神に由来するという信念と同様な意味をもっている。これらの命題のどちらも、政治上の現実においては、さまざまの統治形態と法的帰結を許容している。民主主義の学問的観察は、私が政治神学と名づけた特別の領域にゆずらなければならないであろう[6]。一九世紀に議会主義と民主主義とが同義として受け取られるほど、両者は互いに結びつきあっていたがために、民主主義についての上述の指摘が前おきされなければならなかった。近代議会主義とよばれているものなしにも民主主義は存在しうるし、民主主義なしにも議会主義は存在しうる。そして、独裁は決して民主主義の決定的な対立物でなく、民主主義は独裁への決定的な対立物でない。

第二章　議会主義の諸原理

国民代表と君主主義とのあいだの闘争において、国民代表によって決定的に影響をうける政府を議会主義的政府〔議院内閣制〕とよんだとき、そのことばは、特定の種類の執行権をさすものであった。それによって、「議会主義」という概念の意味は変わった。「議会主義的政府」は、議会を所与のものとして前提する。そして、そのような政府を求めることは、すでに存在している制度としての議会から出発してその権能を拡大すること、立憲主義の言い方でいえば、立法権が執行権に影響をあたえるべきことを、意味するものであった。議会主義の原理の基本思想は、本質的には、このような、政府にたいする議会の関与ということにもとづくことはできない。議会主義的政府のそのような要請を検討しても、ここでとりあげられている問題については、多くのものを期待することはできない。ここでは、議会主義の究極の精神的基礎が問題なのであって、議会の権力の拡大が問題なのではない。なにゆえに、多くの世代にわたって議会が実際に究極の叡知(ultimum sapientiae)であったのか、また、ひとつの全世紀がこの制度についていだいていた信念はなににもとづいていたのか？　議会が政府を統制し、議会に責任をおう大臣の選任に影響力をもたねばならぬ、という要請は、そのような信念を前提にしているのである。

議会についておよそ何世紀にもわたって繰り返されたいちばん古い正当化は、外面的な「便宜性」(1)の顧慮のなかにある。曰く、本来は国民は自分たち全体で実際に決定しなければならないのかもしれない、すべての共同体構成員が村の菩提樹のもとに集まることができたときには、もともとそうであった、しかし、今日では、すべての人が同じ時に同じ場所に集まることは、実際的な理由からして不可能であり、すべての人があらゆる詳細について質問することも不可能である、それゆえに、人びとは道理上当然に、信任をえた人びとからなる選挙された委員会をつくって、その困難に対処する、それがまさしく議会である、と。このようにして、周知の段階的序列ができあがる。すなわち、議会は国民の委員会であり、政府は議会の委員会だとされる。こうなることによって、議会主義の思想は、本質的に民主主義的なものとしてみられる。しかしながら、それは、民主主義の思想との同時代性や関連性がどれだけあろうとも、本質的に民主主義的なものではないし、また、便宜性という実際的な観点に解消されてしまうものでもない。実際的技術的な理由から国民にかわって国民の信任をえた人びとが決定するのならば、その国民の名において唯一人の信任をえた人が決定することもできる。この論拠は、民主主義的であることをやめることなしに、反議会主義的カエサル主義を正当化することになろう。したがってその論拠は、議会主義の思想に特殊なものではなく、議会が国民の委員会であり、信任を受けた人びとの合議体であるということは、本質的なことではない。[第一段階の委員会としての議会が、選挙から選挙までのあいだ国民から独立しているべきであり、任意に罷免されえないのに、他方、第二段階の委員会である議会主義的政府のほうは、いつも第一段階の委員会の信任に依存しており、それゆえいつでも罷免されうる、ということには、矛盾さえも存在する。]

[公開の討論]　議会の存在理由《ラチオ》は、ルドルフ・スメント(2)の適切な特色づけかたにしたがえば、「動態的・弁証法的なるもの」のなかに、すなわち、正しい国家意思を結果として生み出すような対立と意見の討論過程のなかにある。議会にとって本質的なものは、それゆえ、論拠と反論との公開の商議、公開の討議、公開の討論、交渉であ

り、その際には、さしあたって民主主義が想起されることを必要としない。〔(3)〕その絶対的に典型的な思考過程は、議会主義の絶対的に典型的な代表者であるギゾーにおいて、見いだされる。かれは、(力の対立物としての)法から出発し、法の支配を確保する制度の本質的標識として、つぎのことを数えあげる――(一)「諸権力」が討論し、そのことを通じて共通に真理を求めるよう、つねにしむけられていること、(二)すべての国家生活の公開性が、「諸権力」を市民の統制のもとにおいていること、(三)出版の自由が、市民をして、自ら真理を求め、それを「権力」に向かって発言するように促していること。(4)議会は、したがって、人びとの間に散在し不均等に分けられている理性の小片が集まり、公的な支配にまでもたらされるような場所である。これは、典型的に合理主義的な考えかたのようにおもわれる。だが、近代議会を合理主義精神から生まれた制度として規定づけることは、不完全であり不正確であろう。近代議会の究極の正当化、その画期的な明証性は、その合理主義が絶対的直接的なものではなくて、特殊な意味において相対的なものだ、ということにもとづいている。ギゾーのかの命題に対して、モールは、理性の断片の担い手が議会に存在するということのなんらかの保証はどこにあるのか? と異議をとなえた。(5)その答えは、自由競争と予定調和のうちにある。もっとも、それらは、政治において一般にそうであるのと同様、議会の制度においては、しばしば、それとほとんど認識できぬような扮装をまとってあらわれている。

自由主義を、首尾一貫した包括的な形而上学的体系として見ることが必要である。ふつうは、私的諸個人の自由な経済的競争や、契約自由・商業の自由・営業の自由から、諸利害の社会的調和と最大可能な富とがおのずから生ずる、という経済的推論だけが論ぜられている。しかし、これら[のすべてのこと]は、普遍的な自由の原理のひとつの適用事例にすぎない。意見の自由な闘争から真理が、競争からおのずとあらわれる調和として生ずる、ということも、まったく同じである。ここにはまた、総じてその思考の精神的核心、真理に対するその思考の特殊な関係があり、真理は、意見の永遠の競争の単なる函数となるのである。それは、真理にとって、最終的な結果を断念することを意味する。ドイツ的思考にとって、この永遠の討論は、永遠の対話というロマン主義的観念のかたちで、よりおなじみのものであった。ここでついでながら、ドイツの政治的ロマン主義を保守的かつ反自由主義的なものとして、特色づける通常の理解の完全な思想史的混乱というものは、以上の連関を見ただけでも明らかだ、ということを指摘できよう。言論の自由、出版の自由、集会の自由、討論の自由は、それゆえに、有用かつ合目的的なものであるだけでなく、自由主義にとって本質的な死活の問題である。ギゾーは、議会主義の三つの標識を述べる際に、討論および公開性とならべて、第三のものとして、出版の自由を特にあげた。出版の自由が討論と公開性のための手段にすぎず、それゆえ、本来は独立の要因でない、ということは容易にわかる。しかし出版の自由は、ほかの二つの特徴的な標識にとって、特徴的な手段なのであり、ギゾーがそれを特にとりあげていることは、そのような意味で正当だと言える。

自由主義の体系において討論に与えられるべき主要な意味が正しく認識されるときのみ、自由主義的合理主義にとって特徴的な二つの政治的要求が、その正しい意味を獲得するのであり、標語や政治的戦術的な合目的性の考慮のもつ不明瞭な雰囲気から、学問的な明確さにまで高まる。その二つの要求とは、政治生活の公開性の要請といわゆる権力分立理論である。後者はより適切に言えば、対立する諸力の均衡の理論であり、それらの諸力の均衡から、正しいもの——それは平衡にほかならない——がおのずと生ずるはずなのである。自由主義の思考において公開性とりわけ公開の意見(公論〕の支配が決定的に重要視されるがゆえに、そこでは自由主義と民主主義が同一であるかのようにみえる。権力分立理論においては、あきらかに、そうではない。それは、それどころか、自由主義と民主主義の最もするどい対立を構成するために、ハスバッハによって用いられた(6)。権力の多元性、立法権と執行権の内容上の対立、国家権力の全部が一点に集中してよいという思想の拒否、これらすべては、実は、民主主義的な同一性の観念に対する反対物である。かように、二つの要請は、簡単に同じものではない。両方の要求と結びついている数多くのさまざまな思想のなかから、ここでは、近代議会主義の精神的中核を認識するために必要な事柄だけを、とりあげることにしよう。

〔その一、公開性〕　公論に対する信念は、ひとつの観念にその根をもっているのだが、それは、公論についての数多くの著述のなかでは――テニエスの大著(7)のなかですら――、たいてい、正しく強調されてはいない。それは、公論〔公開の意見〕(öffentliche Meinung)よりも意見の公開性(Öffentlichkeit der Meinung)が重要だということである。その要請を成立させた歴史上の対立物、とりわけ、一六・一七世紀のあまたの文献において支配的だった国家秘密(arcana rei publicae)の理論をみるとき、そのことはあきらかである。大いにはやったこの理論は、国家理性(ratio status)の文献とともに登場し、本来国家理性論の核心なのである。それは、マキャヴェリにその文献史的起源をもち、パオロ・サルピにおいて絶頂に達している。ドイツの学者たちによってなされたその体系的および方法的な論究としては、アルノルト・クラプマリウスの書物が例としてあげられるべきである。(8) それは、全体として、国家と政治をもっぱら権力の維持と拡大の技術として論究する理論である。その「マキャヴェリズム」に反対して、多くの反マキャヴェリ主義的著述があらわれ、バルテルミーの夜(一五七二年)の印象によって拍車をかけられて、そのような原理の不道徳性に対抗した。今や、法と正義の概念が、政治技術の力の理想に対抗して提出される。とりわけ、君主の絶対主義に対抗するモナルコマキの著述家たちは、そのような議論をする。思想史的には、この論争は、さしあたっては、力と法との古くからの闘争の一つの例にほかならない。マキャヴェリ主義的な力の技術と、道徳的および法的なエートスとの闘争である。とは言え、かような特徴づけでは、完全ではない。というのは、特殊な反対の要求——まさしく、公開性と権力均衡というあの二つの要請——がしだいに展開してくるからである。権力均衡の要請は、絶対主義のなかにふくまれている権力集中を、権力分立の制度によって廃棄しようとする。公開性の要請のほうは、あらゆる政治に「秘密《アルカナ》」、政治的・技術的な秘密はつきものだ、という考えかたを、その特有の敵対者としている。そのような秘密は、実際、絶対主義にとって、私的所有と競争にもとづく経済生活にとって企業と経営の秘密が必要であるのと同様に、必要なのである。

少数の人びとによって閉じられた扉のうしろで行なわれる官房政治は、今や、そのこと自体で悪しきものと見られ、その結果、政治生活の公開性は、それが公開であることだけですでに正しく良きものと見られるのである。公開性は、さしあたっては絶対主義の官僚主義的・専門家的・技術主義的な秘密政治に対抗する実用的手段でしかなかったにもかかわらず、絶対的な価値を獲得することになる。公開性は、絶対的な抑制手段となり、秘密政治と秘密外交の排除は、およそ政治上の病理や腐敗に対する万能薬となる。いずれにせよ、公開性に初めてかような絶対的な性格を与えたのは一八世紀の啓蒙主義である。公開性の光は啓蒙の光であり、迷信や狂信や権謀術数からの解放である。啓蒙専制主義の体制においてはすべて、公開の意見〔公論〕が、絶対的な矯正手段の役割を演ずる。啓蒙主義がひろがればひろがるほど、専制者の権力は大きくなることができる。というのは、啓蒙された公論は、およそ権力の濫用を完全に、おのずから不可能なものにするからである。そのことは、あらゆる啓蒙家にとって自明のことと考えられる。ル・メルシエ・ドゥ・ラ・リヴィエールは、そのことを系統的に述べた。コンドルセはそのことから実際的な帰結をひき出そうとしたが、その際、最近数世代の経験ののちにそれを想起するとき人をして感歎させせうるほど熱心な、言論と出版の自由についての信念をもってしたのである。すなわち、出版の自由が支配するところでは権力の濫用は考えられず、自由な新聞がひとつだけでもあれば最強の僭主を排除することもできるだろうし、印刷術は自由の基礎であり自由を創造する技術である(9)、と言うのである。カントもまた、この点については、かれの時代の政治的信念、すなわち、公開性の前進への信念、公衆は自らを啓蒙する自由さえもっていればそのかぎりにおいて不可避的に自らを啓蒙する資質をもっているという信念の、ひとりの表現者であった(10)。イギリスでは(イギリスでの議論はそれまでは本質的に実際的・合目的的だったのであるが)、出版の自由の意義を自由主義体制から宣明することになるのは、自由な理性の信徒ベンサムである。すなわち、公開の討論の自由、とりわけ出版の自由は政治的恣意に対抗するいちばん有効な保障であり、「恣意的権力に対する」「抑制の力」であり、本来的「チェック」だ、等々(11)。この説明がより広がってゆくと、ここでも、民主主義との対立があらわれてくる。ジョン・スチュアート・ミルは、民主主義と自由との対立可能性、少数者の否定を、絶望的な憂慮をもって見ていた。ただひとりの人間であれ自分の意見を表明する可能性をうばわれるかもしれないと考えただけでも、この実証主義者は、説明しがたい不安のなかにおかれるのであった。なぜなら彼は、ひょっとするとそのひとりの人間が真理にいちばん近づいているかもしれないと心に思うからである。

言論の自由、出版の自由、集会の自由と議員の不可侵権にささえられた意見の公開性は、自由主義体制においては、自由ということばがこの体制のなかで持っているまことに大きな結果をもつ意味あいで、意見の自由というものを意味する。個人によるもの選挙権の行使のさいのように公開性が強制になりうるところ、すなわち、私的なるものから公的なるものへの移行点においては、それゆえに、秘密投票制という逆の要請ががあらわれる。意見の自由は私人の自由であり、そこから予定調和が現れるような[最良の意見が勝ちを占めるような意見間の]競争にとって不可欠である。

[その二、権力分立(均衡)]　近代の議会主義にあっては、この公論への信念が、もうひとつの、制度上の[より組織上の]観念に結びついている。いろいろの国家活動と

機関の分立と均衡がそれである。ここでもまた、ある種の競争の観念がはたらき、その競争の結果として正しいものが生み出されるとされる。権力分立において議会が立法権を獲得するがそれにとどまる、ということは、均衡思想の基礎にある合理主義を自らふたたび相対化し、その制度を、啓蒙主義の絶対的合理主義から――すぐ後に論ずるように――区別する。均衡の観念の一般的意味については、もはや、多くのことばを費やすことを必要としない。政治思想史および国法思想史において類型的に回帰するのだがそれについての系統的研究は一度もはじめられたことがない種々の表象があり(例として、機械としての国家、有機体としての国家、穹窿《きゅうりゅう》の基石として、旗として、あるいは船の「魂」としての国王、をあげるにとどめておく)、そのなかにあって、均衡という観念は、今日いちばん重要なものである。一六世紀以来、人間の精神生活のあらゆる領域にわたって、あらゆる種類の均衡が支配している(W・ウィルソンは、自由についての演説のなかで、おそらくはじめてそのことを指摘した)。国民経済における貿易収支、外交におけるヨーロッパの均衡、宇宙における引力と斥力の均衡、マルブランシュやシャフツベリにおける諸情念の均衡から、J・J・モーザーの食糧均衡に至るまで、あらゆる種類の均衡である。国家理論にとっては、この普遍的な観念の中心的意味は、ハリントン、ロック、ボーリングブルック、モンテスキュー、マブリ、ドゥ・ロルム、『フェデラリスト』、一七八九年フランス国民議会など、いくつかの名前からただちにとり出される。最近の例をあげるならば、モーリス・オーリウによって、かれの『公法原理』(*Principes de droit public*)のなかで、国家および行政生活のすべての問題について均衡の観念が援用されている。議会主義的政府〔議院内閣制〕についてのR・レズロープの定義が非常に成功した〔*Die parlamentarische Regierung in ihrer wahren und in ihrer unechten Form*〕(一九一八年)のも、均衡の観念が今日もなおどれだけつよく機能しうるかを示している。

この均衡の観念は、議会の制度に適用されて特別の意義をもつものとなる。このことは強調されなければならない。というのは、この観念は、特に議会について論じたものではないにせよ、ルソーにあってもまた支配的だからである。(12) 議会においては、あの均衡観念の緩和された合理主義を前提とするひとつの均衡がはたらく。モンテスキューの権力分立論を単純化する教科書的伝統によって暗示的に影響されて、人びとは、議会が国家作用のひとつの部門として他の諸部門(執行と司法)に対立させられるとだけ見るのになれてきた。しかし議会は、均衡の一部門であるだけではなくて、まさしくそれが立法権であるがために、自分自身の内部でも均衡がとられるべきものなのである。それは、絶対的統一性のかわりに、いたるところで多様性をつくりだし、あれこれと調整して内的ダイナミックスから生ずる均衡を待とうとする思考様式に、依拠している。まず第一に、立法権自身がさらに二院制のかたちで、あるいは連邦制度によって均衡づけられ仲介されることによって。しかし、それぞれの院の内部においても、特別の合理主義によって、観点や意見の均衡が機能させられる。反対党の存在は議会および各院の本質に属し、実際、二大政党制の形而上学というものがある。ふつう権力分立論の根拠づけのためにかなりに通俗的な命題——そのためにはたいていロックが引かれるのだが——が引証される。すなわち、法律を制定する機関がみずからそれを執行するのは危険であろうし、それは人間の権力欲にとってあまりに大きな誘惑であろう、それゆえ執行権の長としての君主も立法機関としての議会もすべての国家権力を自己に集中してはならぬ、というのである。権力の分立と均衡の最初の理論は、たしかに、一六四〇年以来の長期議会における権力集中のさいの経験から成立した。しかし、一般国家理論上の基礎づけができるとすぐ、少なくとも大陸では、立憲的法律概念をともなった憲法理論があらわれる。この法律概念からして、議会の制度は、本質的に立法権をもつ国家機関として理解されることになる。この法律概念[のみ]が、憲法は権力分立と同一物だという、今日ではあまり理解されないが一八世紀中葉以来西ヨーロッパの思考を完全に支配した命題を、基礎づける。一七八九年の『人および市民の権利の宣言』第一六条のなかに、その命題は、そのいちばん有名な宣明を見いだした。すなわち、「権利の保障が確保されず、権力分立が定められていないすべての社会は、憲法を有しない」、と言うのである。権力分立が憲法と同一物であり憲法の概念要素をなすということは、カントからヘーゲルにいたるまでのドイツ国家哲学の思考にとっても、自明のことと見られている。それゆえにまた、独裁は、かような思考様式にとっては、民主主義への対立物なのではなくて、本質的に、権力分立の廃棄、すなわち憲法の廃棄、すなわち立法権と執行権の分離の廃棄なのである。(13)

[議会主義の法律概念]　立憲主義的な法律概念は、すでにモナルコマキたちのなかに認識できる。ベザの『執政者の権利』(*Du Droit des Magistrats*)においては、「先例によってでなく法律によって裁判しなければならない」、といわれている。ユニウス・ブルートゥスの『反暴君論』(*Vindiciae contra tyrannos*)は、正義の感情からだけではなくある種の合理主義からも、マキャヴェリの「邪悪な教義」(pestifera doctrina)に反対

する。この書物は、「幾何学的方法」(Geometrarum more)をとろうとし、具体的な王(Rex)の人格に対し、超人格的な王位(Regnum)と普遍的なラチオ――これがアリストテレス的・スコラ的伝統に従って法律の本質をなすのだが――を対置させる。肉体が精神に従うように、王は法律に従わなければならない。具体的な人間が「さまざまの感情によって困惑させられる」(variis affectibus perturbatur)のに対し法律は（具体的人格の意思や命令とは反対に）まさにラチオであり、欲望(cupiditas)も困惑(turbatio)も持たないということから、法律の一般的な規準性が生ずる。[14] この法律概念は、多くの修正をうけてではあるが、依然として「普遍的なるもの」という本質的標識を保ちながら、立憲的思考の基礎になっている。グロティウスはそれを、特殊なるものの対立物としての普遍的なるものというスコラ的形式で主張する。[15] 法治国家の全理論は、一般的な、あらかじめ設定され、万人を拘束し、例外なくかつ原則的にすべての時期に妥当する法律と、場合〳〵に、特殊の具体的事態を顧慮して発せられる人格的な命令との対置にもとづいている。オットー・マイヤーはその有名な叙述のなかで、法律の「不可侵性」について語った。この法律の観念は、一般的なるもの（今やもはや普遍的なるものというのではなく）と特殊なるもののあの合理主義的な区別に基礎づけられているのであり、法治国家思考の代表者たちは、一般的なるものそれ自体のうちに、そのことだけでもってより高い価値を見てとるのである。ロックにおいて、そのことは、かれの議論の中心にある法律（Law）と命令（Commission）の対置というかたちで、特に明瞭になっている。この法治国家哲学の古典的論者[16]は、この場合、非人格的な法律が主権者たるべきか、王が人格的に主権者たるべきかという問題をめぐる、一世紀のあいだ続いた総括的な論争のひとつの事例に外ならない[17]。［また「アメリカ合衆国の統治は、人の統治に対抗する法律の統治として特に強調されて特徴づけられた[18]」。］ボダンにさかのぼる、今日一般的に行なわれる主権の定義は、つぎのような認識、すなわち、具体的な事態について、一般的に妥当する法律の例外をつくることがつねにあらためて必要になるのであり、主権者とは例外〔非常事態〕について決断を下す者である、という認識から生じた[19]。それゆえ、立憲的思考と絶対主義的思考は、法律概念をそれぞれの試金石としている。ただしもちろん、試金石となるのは、［ドイツで］ラーバント以来形式的意味の法律とよばれているもの、それに従うと国民代表の参与のもとでつくられるすべてのものが法律とよばれることになるようなものではなくて、論理的標識に従って定められる命題である。決定的な区別はやはり、法律が一般的合理的命題であるのか、［処分、具体的な個別規定、］命令であるのか、ということである。

まさしく国民代表の参与のもとでできあがる規定が法律(Gesetz)とよばれるとき、そのことが意味をもつのは、国民代表すなわち議会はその決定を討議の方法により、議論と反論とを考量することによって見いだし、それゆえにその決定は権威にのみ基礎をおく命令(Befehl)とは論理的にちがった性格をもつからである。これとするどく対照的なことがのべられているのは、「ある法律はすべての臣民に一般的に向けられ、ある法律は特別の州、特別の職業、そして特別の人に向けられていることは明らかだ」というホッブズによる法律の定義においてである。この絶対主義者にとって、「法律は助言ではなくて命令[20]」(That Law is not Counsell, but Command)であり、本質的に権威であって、真理や正しさではない——合理主義的法治国家的な法律概念にとってはそうなのだが——、ということは自明のことに見えるのである。真理ではなく権威［が法をつくる］(Autoritas, non veritas [facit legem])。ボーリングブルックは、均衡理論の代表者として法治国家的に思考するのだが、この対立を「憲法による統治」と「意思による統治」との対立として定式化し、さらに、憲法と統治とのあいだを、憲法はいつでもつねに(at all times)妥当する規則をふくむべきであるのに対し、統治はなんらかの場合に(at any time)実際に起こるところのことである——前者は変わらないものであり後者は時と事情等々によってかわる——、というふうに区別する。(21) 一七世紀と一八世紀において支配的であった、法律を一般意思(volonté générale)(一般意思は、[一般性というその性格のゆえに]それ自体として、どんな個別意思(volonté particulière)とも反対に、価値あるものとされる)としてとらえる理論はすべて、この法治国家的法律概念の表明として理解される。コンドルセは、この点でもまた、啓蒙的急進主義[——それによれば、具体的なるものはすべて一般的法律の適用事例にすぎない——]の典型的な代表者である。[かれにあっては、]国家のすべての活動、全生活が、法律および法律の適用に解消される。また、執行権は、「法律が大前提、多かれ少なかれ一般的である事実が小前提、法律の適用が結論であるような、三段論法を行なう」という機能をもつだけである。司法だけがモンテスキューの有名なことばで言われているように「法律のことばを語る口」なのではなくて、行政もそうなのである。(22) 一七九三年のジロンド憲法草案においては、このことは、「法律を特徴づける性質はその一般性および無期限性である」という規定に定められることとなった。(23) またこの草案は、執行権を、もはや命令するのでなく推論するものにしようとする——「執行権の官吏は、命令するのでなく推論する」。この重要で系統的な対照の最後の例として、予算法律の法的性質についてのヘーゲルのことばがあげられるべきである。すなわち、「いわゆる財政法律なるものは、等族議会の参与があるにもかかわらず、本質的に政府事項なのであって、統治の外的手段の広い、それどころかすべての領域を包括するという理由で、転義的に法律とよばれるにすぎないのである」「一年をかぎって、かつ毎年制定されるべき法律というものは、常識的感覚からしても明らかに法律の名にふさわしくない。常識的感覚は、即自的かつ対自的に一般的なるものを、真の法律の内容とみなし、それと、その性質上複数のものをうわべ上包括しているにすぎないような単なる反射的一般性とを、区別するからである[24]」。

[議会権限の立法への限定]　単なる権威（Autoritas）とは反対の真理（Veritas）である法律（Gesetz）、すなわち、単に事実的で具体的な命令（Befehl）――それは、ツィーテルマンがみごとに定式化したように、個別的で他に転用できぬ要素をふくんだ命法である[25]――とは反対に、一般的な正しい規範は、本質的に行動であるところの執行権とはちがって、知的なるものとしてとらえられる。立法は審議（deliberare）し、執行は行動（agere）する。この対比もまた、アリストテレスにはじまる歴史をもっている。そ

の歴史のなかで、フランス啓蒙主義の合理主義においては立法権を執行権の犠牲において強化し、「いかなる武装団体も審議をすることができない」という共和三年実月五日憲法の規定(第九篇第二七五条)のなかに、執行権に関する含蓄ある定式を見いだした。『フェデラリスト』(一七八八年)は、同じことを、きわめて経験的に述べている。すなわち、「執行権は唯一人の人間の手になければならない。そのことに執行権の活力と活動性が依存するからである。最良の政治家たちによって承認された普遍的原則によれば、執行権には決断と国家機密の保持が必要であり、それは「頭数がふえる程度に応じてむずかしくなる」のに対し、立法とは審議であり、それゆえに比較的大きな集会によって行なわれねばならない」と。――それについてはいくらかの歴史上の事例が傍証的にもち出され、それにつづけていう――「ただし歴史的な観察は不確かで不明瞭だからこれを措き、もっぱら、理性と健全な判断がわれわれに教えるところに頼ろう。すなわち、市民的自由の保障は執行権においてではなく、おそらく立法権においてのみ徹底してつらぬかれる。立法権においては、意見や党派間の対立が、おそらく数多くの有益で正しい決定を妨げるかもしれないが、そのかわり少数者の議論が多数者の逸脱をおさえるのであり、そこでは、異なった意見が有用かつ必要なのである。執行権においてはそれとちがっており、特に戦争や暴動にさいしては、ことは精力的な行動にかかるのであり、それには、決断の一元性が必要である。[26]」

『フェデラリスト』のこのような思慮ある考えのなかには、立法権と議会にとって決定的に重要な合理主義を執行権にまで拡大し、執行権をも討議のなかに解消しようというようなことは、均衡理論においては考えられていなかった、ということがきわめて明瞭にあらわれている。この思考の合理主義は、まさしく合理的なるものと非合理的なるもの（合理化［合理的討論］にはなじまないものをそう呼ぼうとするなら）との間にも均衡を保つことを知っているのであり、ここでもまた調停であって、あたかも理神論が形而上学的妥協としてとらえられうるのと同様に[27]、ある意味での妥協である。それに反してコンドルセの絶対的合理主義は、権力分立を廃棄し、その中に存在する国家権力の調停や仲介をも、諸党派の相互独立性をも否定した。かれの急進主義にとっては、アメリカ憲法の複雑な均衡はこみいってぎごちないものであり、各州の個別性への譲歩であって、「法律したがって真理、理性、正義をねじまげようとする[28]」システム、人間一般にとっての「理性の立法（législation raisonnable）」をそれぞれの州民の予断と愚鈍のために犠牲にするシステムのひとつなのである。かような急進主義は均衡の廃棄、理性の独裁にみちびく。これら二つの合理主義にとって、法律と真理との同一視ということは共通である。しかし、均衡理論の相対的合理主義は、立法権と議会とにだけ要求を限定し、首尾一貫していることだが、議会の内部についても単に相対的な真理だけに要求をかぎっている。諸党派間の対立によってもたらされる意見間の均衡は、それゆえ決して世界観の絶対的な問題には及ぶことができず、その相対的性質からしてそのような過程に適する事柄にだけかかわることができる。敵対的な対立は議会主義を廃棄するのであり、議会主義の討論は、争われることのない共通の基礎を前提とする。国家権力もなんらかの形而上学的確信も、直接的な断定性をもって登場してはならず、すべてが、わざと複雑にされた均衡過程のなかで媒介されなければならない。議会は、そこで人が審議をし、言いかえれば、討論の過程のなかで議論と反論との検討により相対的な真理を獲得する場所である。国家にとって複数の権力が必要であると同様に、およそ議会という集団にとっては複数の党派が必要である。

一九世紀前半のドイツの自由主義においては、この考えは、すでに歴史的思考と結びついている。実際、均衡理論は、すべてを調停する弾力性をもっている点で、歴史的思考をもそのシステムのなかに組み入れることができた。一九世紀のドイツ自由主義において、どのようにして機械的な均衡観念が有機的調停の理論へと独特のしかたで展開し、また、それゆえに、依然として国家の統一性を体現する優越的な君主の人格を承認する可能性をもっていたか、ということは大きな興味のあるところである。ドイツ・ロマン主義においては自由な討論は永遠の対話になるのであるが、ヘーゲルの哲学体系では、それは、定立および反定立からつねに新しい総合への、意識の自己展開なのである。単に諮問的な参与に限定される等族議会の人民代表は、ヘーゲルにおいて、「多くの者の観点や思考の経験的な一般性としての公的な意識が存在するにいたる場」と規定されている。等族議会は政府と人民との間の媒介的な機関であり、立法に参与するだけである。その審議の公開性によって、「一般的知識の契機が拡大され」、「知識の機会のかような開放によって、公論〔公開の意見〕ははじめて真の思想に、また、国家の状態や概念およびその事業への洞察に達し、そうなることによってはじめて、それらについてよりいっそう理性的に判断を下す能力に達する」。かように、この種の議会主義は、「ひとつの教育手段、しかも最大の教育手段のひとつ」である。[29] 公開性および公論〔公開の意見〕の価値について、ヘーゲルは、きわめて特徴的な叙述をしている――「等族議会の公開性は、市民をりっぱに教育する大きな劇であり、人民は自分の利害の真正のものをそこで最も多く学ぶのであり」、公開性は「国家の利害一般についての最大の教育手段である」。そのことによって、はじめて、国家への関心の活発さが生じ、ヘーゲルによれば「人民が欲し思念するところのことがあらわれてくる」「非組織的様式」である公論が生ずる。ドイツ自由主義の政党理論においても、有機体的生命の観念との結合があらわれる。政党と徒党は区別される。後者は政党のカリカチュアであるが、真の政党は、「公的制度に対するいきいきした多面的な関心の表現」であり、「いきいきした戦いを戦いぬくことを通じて国家の諸問題の正しい解決にあたるのである」(30)。ローマーの政党理論をうけつぐブルンチュリは、政党は反対党なしには存立できないこと、国家とその機関は諸政党を超えていなければならないから、君主と官吏(少なくとも、私人としてでなく官吏としては)だけはいかなる政党にも属してはならぬこと、を述べている。「国法は政党を知らない。安定した堅固な国家秩序は、政党活動と政党の闘争を枠づけるところの、すべてのものにとって共通の堅固な秩序である。……新しい自由な生活の運動、それゆえに政治が開始するときはじめて、政党があらわれる」。ブルンチュリによれば(ローマーにしたがって)政党はさまざまの年齢の人間と類比されうる。かれにとってもまた、ロレンツ・

フォン・シュタインが古典的表現を与えたあの観念――国家の生活にも各人の生活にも豊富な矛盾が必要であり、それがあってはじめて、現実的な生の存在の動態をつくるのだ、という観念――がなお支配しているのである。(31)

ここにおいて、自由主義の思考が特殊ドイツ的な「有機的」思考と結びつき、機械的な均衡観念を克服した。しかしなおこの有機的思考もまた、議会主義思想の維持に役立った。議会主義思想は、モールが主張したように議会主義的〔議院内閣制的〕政府の要求が現われると困難に陥る。というのは、討論の弁証法的・動態的過程の観点は、なるほど立法権には適応できるとしても、執行権にはほとんど転用できないし、均衡をとる調停と公開の討論によって生成される真理と正義でありうるのは、[一般的]法律だけであって[個別的]命令ではないからである。個々的論点においては、議会についてのかつての観念が維持されたままであり、その体系的連関についてはまだ正しく意識されていなかった。たとえば、ブルンチュリは、近代議会の本質的な標識として、古い等族代表とはちがい、その仕事を委員会によって処理することができぬ、ということを述べていた。(32) このことはまったく正しい。ただし、その根拠は、今日の議会にとってはもはや今日的なものではなくなった公開性と討論の原理から生まれているのである。

［討論への信念の一般的意義］　公開性と討論というこれらの二つの原理のうえに、立憲主義的思考と議会主義が、きわめて首尾一貫した包括的な一つの体系をなして基礎づけられている。それらは、一つの全時代の正義感情にとって、本質的で不可欠的なものと見られていた。公開性と討論によって保障される均衡が本来的に実現すべきはずのものは、まさに真理と正義それ自体にほかならなかった。公開性と討論によってのみ、単に事実上のものである力と権力——自由主義法治国家にとって、それはそれ自体として悪であり、ロックが言ったように「獣の道」(way of beasts)である——が克服され、法のみが力を手にするのだと考えられていた。「力(force)にかわる討論(discussion)」。これこそ、かような思考様式を特に特徴づけることばである。この定式化は、決して天才的でもなければ重要でもないが、この点でもまた、典型的であるブルジョワ王制の一人の帰依者に、由来する。かれはまた、立憲主義と議会主義の一連の全信念を、つぎのように定式化した——すべての進歩は、社会の進歩もまた、「代議制度により、すなわち規律ある自由によって、また、公開の討論により、すなわち理性によって[33]」、実現される。

議会生活と政党政治の生活の現実、および一般の確信は、今日、かような信念からはるかにはなれてしまっている。今日人びとの運命がかけられているような政治上および経済上の重大な諸決定は、もはや(もし、かってはそうであったとしても)、公開の言論と反対言論における意見の均衡の帰結ではないし、議会の討議の結論でもない。政府への国民代表の参与、議会主義的政府〔議院内閣制〕はまさしく、〔権力分立を廃棄し、それとともに〕議会主義のかつての理念を廃棄する最も重要な手段であることが証明された。現状において委員会、それもいよいよ小規模の委員会に仕事が移り、結局はそもそも議会の本会議、したがって議会の公開性がその目的から遠ざかって、必然的に単なる門構えにすぎぬものとならざるをえない、ということは当然である。実際上それ以外にはならないと言ってよかろう。それにしても、少なくとも、議会主義はそのことによって、その精神的基礎を喪失〔放棄〕し、言論・集会・出版の自由、〔会議公開、〕議員の不可侵権その他の特権など全体系はあらゆる存在理由《ラチオ》を失ったままになるのだ、ということを見て取るだけの、歴史的状況の自覚をもっていなければならない。諸政党あるいは政党連合のより少人数の、また最小の人数の委員会が、閉じられた扉のうしろで決定を下すのであり、大資本の利益コンツェルンの代表たちが最も少人数の委員会でとりきめることが、数百万人の日々の生活と運命にとって、おそらく前述の政治的諸決定よりもさらに重要なのである。絶対主義君主の秘密政治に対抗する闘争のなかで、近代議会主義の思想、コントロールの要求、公開性への信念が生まれ、人間の自由感情と正義感情が、秘密の決定のかたちで人民の運命を決定づける秘密実務に対抗して勝ちを占めた。しかし、あの一七および一八世紀の官房政治の目標は、今日問題となっており今日ありとあらゆる種類の秘密の対象となっているところの運命にくらべると、なんと無害で牧歌的であろうか。この事実を前にして、討論の公開性への信念は、幻想からの恐るべき覚醒を経験しなければならなかった。かつての自由主義的自由、〔とりわけ〕言論および出版の自由を放棄しようとする人は、今日たしかに多くない。にもかかわらず、ヨーロッパ大陸で、それらの自由が実際の権力の担い手たちにとって実際に危険なものとなりうるところでなお存在する、と信ずる人びとは、もはや多くはないであろう。新聞論説や集会の演説や議会の討議から真の正しい立法と政治が生まれてくるという信念は、いまや微々たるものにすぎない。しかし、それこそが議会への信念である。議会の活動の事実上の実態において公開性と討論が空虚で実質のない形式になってしまったとき、これまで〔一九世紀に〕発展してきた制度としての議会もまた、その[従来の]精神史的な基盤と意味とを失ったのである。

第三章　マルクス主義の思考における独裁

ヨーロッパ大陸において、立憲的議会主義は、ルイ・フィリップのブルジョワ王制をその古典的時代とし、ギゾーをその古典的代表者としている。ギゾーにとって、古い王制と貴族制はすでに克服されたが、近づきつつある民主主義が、堤防をもって防ぐべき混沌とした激流〔とみえたの〕であった。両者〔王制と民主主義と〕のあいだで、立憲的・議会主義的ブルジョワ王制は正しい中庸として漂っていた。すべての社会的問題は、理性的な公開の討議において議会によって解決されるべきものであった。「中庸」(juste-milieu)ということばは、このような思考のいちばん内奥の核心からきているのであり、ブルジョワ王制の概念がすでに、自らのことばのなかに、中庸と原理的妥協の全世界を含んでいるのである。議会主義を廃棄する独裁概念が再び現実性をもったものになるのは、このような議会主義的立憲主義に対抗してであって、民主主義に対抗してではない。分岐点をなした一八四八年は、民主主義の年であると同時に独裁の年であった。両者とも、議会主義的思考のブルジョワ的自由主義に対立したのである。

議会主義的思考は、討論し均衡をとり原理的に調停をしながら、二つの敵のあいだで持ちこたえようとするが、それに対し二つの敵は両方とも非常なエネルギーでもって対抗していたので、調停する討論は流血の決闘の中間にある一時的状態としか思われないほどであった。これら二つの敵対者は、均衡の廃棄、直接性と断定性、すなわち独裁でもって答えた。大ざっぱな標語でかりに特徴づければ、合理主義の断定性と、もうひとつ、非合理的なるものの断定性とである。自分自身に絶対的に確信をもつ直接的な合理主義から生まれた独裁にとっては、すでにひとつの伝統がある。すなわち、啓蒙主義の教育的独裁、哲学的なジャコバン主義、知性の圧制、合理主義的および古典主義的精神から生まれた形式的統一性、「哲学とサーベルとの同盟」(1)、である。これは、ナポレオン[の没落]によって清算され、新たに生成する歴史的な感覚によって、精神史的に〔理論的かつ精神的にも〕克服されたように見えた。しかし、合理主義的独裁の可能性は、歴史哲学の形成においてさらに存続し、政治理念として生きていた。その担い手は急進的なマルクス主義的社会主義であり、その究極の形而上学的明証性は、ヘーゲルの歴史論理の基盤のうえに建てられているのである。

社会主義がユートピアから科学に移行したということは、社会主義が独裁を放棄したことを意味するわけではない。〔第一次〕大戦以来何人かの急進的社会主義者やアナーキストたちが、社会主義の独裁への勇気を回復するためにユートピアに復帰しなければならぬと考えたということは、注目すべき徴候である。そのことは、今日の世代にとって科学が社会の動きの自明の基礎であることをいかに甚しくやめてしまったか、ということを示している。しかし、そのことは、科学的社会主義においてもまた独裁の精神的可能性がなくなったという証拠にはならない。ただし科学ということばは正しく理解されねばならず、単に精密自然科学的な技術性に限定されてはならない。[もちろん、かような自然科学的な科学性は独裁にとっての基礎とはならず、その他のいかなる政治制度や政治支配にとっての基礎ともならない。科学的社会主義においては、行きつくことができるよりももっと遠くまで行く。] そこにおいては、啓蒙主義の合理主義的信念がさらにはるかにたかまって、ほとんど幻想的といえるほどの高揚を示したのであり、その高揚は、そのもともとのエネルギーを維持できたとしたならば、おそらく啓蒙主義の合理主義とその強度において匹敵できるほどのものであった。

［マルクス主義の科学性は形而上学である］　社会主義が自らを科学的だと考えたときはじめて、それは、本質的に誤りのない洞察の保障を得たと信じ、暴力行使への権利を主張することができた。歴史的に言って、科学性の自覚は一八四八年以来、すなわち、社会主義がその理念をいつの日か実現することを期待できるような政治的存在になって以来、あらわれる。それゆえ、この種の科学性においては、実践上および理論上の観念表象が互いにむすびついているのである。科学的社会主義は、しばしば、単に否定的なるもの、すなわちユートピアの拒否を意味するとされ、また、いまや政治的社会的な現実のなかに意識的にくいこんで、それを、空想や仮構の理想にもとづいて外からつくるのではなく、その固有の、正しく認識された、内在的な諸条件にもとづいてつくろう、と決心することを意味するにほかならぬ、とされている。ここで重要なのは、社会主義の多くの側面と可能性のなかで、精神的意味において決定的なその究極の論拠、社会主義的信念の最終的明証性を探索することである。確信をもったマルクス主義は、社会、経済および政治の現実の正しい認識と、そこから生まれる正しい実践とを発見したと信じ、社会の現実をそのあらゆる客観的必然性に従って、

その内在性にもとづいて正しく理解し、そのことを通じて社会的生活を支配できると信じている。そのさいマルクスにおいてもエンゲルスにおいても、また、知的熱中をなしうるどんなマルクス主義者においても、歴史発展の特殊性の意識が生きているのであるから、かれらの科学性を、自然科学的方法と精密さとを社会哲学や政治の問題に転用しようとする数多くの試みと同視することはできない。なるほど、通俗的マルクス主義は、その思考の自然科学的な精密性、唯物史観の法則に従ってある事物がやってくる「鉄の必然性」について、好んで書いている。また、多くのブルジョワ的な社会哲学者たちは、それをこまごまと反駁し、星座の運行を天文学者が計算するようには歴史的事物は計算できないとか、いずれにしても――「鉄の必然性」を容認したとしても――やってくる日蝕を招きよせるために一つの政党を組織するとは奇妙なことだとか、論証することに没頭してきた。しかし、マルクス主義の思考の合理主義は、それとは別にもうひとつの、独裁の概念にとって重要な側面をもっているのであって、たとえば一つの技術があらゆる厳密な自然科学性と結びついているように、自然法則性を人間に有利に利用するための一つの方法を、自然法則と強度に決定論的な世界観との助けをかりて獲得しよう、とする科学性という点に尽きるわけではない。その点に社会主義の科学性が存するのだとしたら、自由の王国への飛躍は絶対的な技術性への飛躍にすぎぬことになろう。それは古き啓蒙主義の合理主義であり、政治を数学的および物理学的な厳密さによって獲得しようとする、一八世紀以来好んでなされた試みのひとつであって、ちがいは一八世紀にはまだ支配的だった強度のモラリズムが建前上は放棄されたということだけにある。その結果は、あらゆる合理主義におけるのと同様に、指導する合理主義者の独裁とならざるをえないであろう。

まさしく、マルクス主義の歴史哲学と社会学の哲学的・形而上学的な魅力は、自然科学性にあるのではなくて、どのような仕方と方法でもってマルクスが人類史の弁証法的発展という思想を堅持し、人類史を内在的な有機的力によって自らの内からつくられる相反的な、具体的かつ一回的な過程として考察したか、という点にある。マルクスが人類史の発展を経済的・技術的なるものの中に求めているということは、かれの思考のこの構造をなんら変えるものではなく、一つの移調にすぎない。その移調は、心理学的には、経済的諸要因の政治的意味についての直観から、体系的には、技術の中にあらわれる人間活動を解放し、歴史的出来事の[自由な]主人、運命の非合理性を支配する主人にしようとする努力から生まれる[というように、さまざまに説明されうるのである］。［しかし、］「自由の王国への飛躍」は、ただ弁証法的にのみ理解されうる。それは、技術の助けをかりることだけでは、企てられることができないだろう。そうでなければ、マルクス社会主義に、政治的活動のかわりに新しい機械を発明することを要求しなければならなくなってしまうだろう。そしてまた、将来の共産主義社会においてもまた、新しい技術的化学的な諸発明がなされ、それがふたたびその共産主義社会の基礎を変え、革命を必然的なものとしうるだろう、ということが危惧されることになろう。というのは、将来の社会が技術的発展を途方もなく促進しかつ速め、他方では階級があらたに形成される危険をすべて永久にまぬかれるにちがいない、ということを仮定するのはおよそ本来的に奇妙なことだからである。［これらの反論はすべてもっともらしいものであるが、マルクス主義思考の核心にふれてはいない。］マルクス主義の信念に従えば、人類は自分で自らを意識するであろうし、しかも、社会的現実の正しい認識をとおしてそうするであろう。そのことをとおして、意識は絶対的性格を獲得する。それゆえこれは、ヘーゲル学派的発展を内包し、その具体性のなかに、啓蒙主義の抽象的合理主義では不可能だった明証性を持つところの合理主義である。マルクス主義の科学性は、到来する事物に、機械的に計算され機械的につくられた結果の機械的な確実性を与えるのではなく、それを、時の流れと、自己の内からつくられる歴史的経過の具体的現実のなかにゆだねるのである。

具体的な歴史性への理解ということは、マルクスがけっして放棄しなかった獲得物であった。しかし、ヘーゲルの合理主義は、歴史それ自身をつくりあげる勇気をもあたえた。この一人の活動的な人間にとって、現在の時代と現在の時点を無条件に確実にとらえることにより以上のどんな関心もありえなかった。そのことは、弁証法的歴史構成のたすけをかりて、科学的に可能となった。マルクス社会主義の科学性は、それゆえ、ヘーゲルの歴史哲学の原理にもとづいている。マルクスがヘーゲルに依存していることを示すためでも、それについてなされた諸々の論議につけくわえるためでもないが、マルクス主義の論拠の核心とその特殊な独裁概念をはっきりさせるために、それ[とヘーゲルの史的弁証法との関連]から出発しなければならない。そうすれば、特定の社会学的理論構成と合理主義的独裁とに導く特種の形而上学的明証性が、そこに存在することが明らかとなろう。

[独裁と弁証法的発展]　なるほど、弁証法的発展と独裁とを互いに結びつけるには困難がある。なぜなら、独裁は、発展の継続的進行の中絶であり、有機的進展への機

械的な侵入だからである。発展と独裁とは一見相互排斥的であるようにみえる。対立のなかで弁証法的に発展する世界精神の無限の過程は、それ自身の対立物である独裁をも自らの中に引き入れ、そのことをとおして独裁からその本質である決断を奪い去るのである。発展はさらに間断なく続き、中断も、発展をさらにすすめるための否定として、発展に役立つにちがいない。本質的なことは、外部から、発展の内在性のそとに例外がたちあらわれるのでは決してない、ということである。いずれにしても、発展や討論を中断する道徳的決断という意味での独裁は、ヘーゲル哲学では問題となりえない。相対立する事物もたがいに融合し、それらを包摂する発展のなかで合体させられる。道徳的決断の二者択一、決断された、また決断する二者択一は、この体系においては占めるべき場所をもたない。独裁者の有無を言わさぬ命令もまた、討論と確固として進行する発展とにおける一つの契機となる。他のすべてのものと同様、まさしく有無を言わさぬ命令も、あの世界精神の蠕動作用のなかで消化される。ヘーゲルの哲学は、善と悪の絶対的区別を基礎づけることができるようないかなる倫理をももたない。それにとって善とは、弁証法的過程のそのときどきの段階において理性的なるものであり、それゆえに、現実的なるものである。善とは（私はここで、ヤネンッキーの適切な定式化を引用するのだが)、正しい弁証法的な認識と意識性の意味において「時宜にかなっていること」である。世界史が世界法廷であると言うとき、それは、最終審級のない、二者択一的な確定判決のない訴訟なのである。悪は非現実的であり、時宜に適さぬことが考えられうるかぎりにおいてのみ、考えられるのであって、悟性の抽象の誤り、自分だけに限定された特殊性の一時的混乱としておそらくは説明されうる。かような、少なくとも理論的にはせまい活動範囲のなかで、すなわち、時宜に適さぬものを排除し、あやまった錯覚を排除するだけのために、独裁は可能となるであろう。独裁は、副次的かつ付随的なものとなろう。それは本質的なるものの本質的否定ではなくて、些細な差異の除去となろう。フィヒテの合理主義哲学によるのとはちがって、ここでは、専制支配はしりぞけられる。フィヒテに反対してヘーゲルは、世界について、それが神に見放され、われわれが世界の内にひとつの目的をもちこみ抽象的な「あるべき姿」にしたがってそれをつくりあげるのを期待しているのだ、と考えるのは無理な抽象化だ、と言っている。当為は無力である。権利をもっているものは、また、自らを承認させることができる。存在せずにただ存在すべきであるにすぎないものは、真ではなく、生活の主観的な支配である。

一九世紀が一八世紀の合理主義をこえてふみ出した最も重要な前進は、ヘーゲルとフィヒテのかような対立のなかにある。道徳的二者択一の絶対性が解消しているがゆえに、独裁はもはや不可能なのである。にもかかわらず、ヘーゲル哲学は、かつての合理主義の一貫した継続であり強化にほかならない。意識された人間行為がはじめて、人間を、彼がそうであるところのものにするのであり、人間を、「即自存在」の自然的有限性から、より高次の「対自」の段階へと高める。人間は、自覚的に、その素質に従った存在にならなければならない。それは、経験的なるものの偶然性と恣意の中にとどまってしまわないためであり、そうすることによって、世界史的な出来事のとどめがたい活動が彼を超えて進まないようにするためである。それにしても、この哲学が思索のなかにとどまっているかぎりは、独裁の出番はない。それが活動的な人間によって本気にうけとられるやいなや、事態はちがってくる。具体的な政治的および社会学的な実践において、より高い意識性をもち、かの偉大な活動の担い手として自らを感ずる人間は、限定性という抵抗を超えて進み、「客観的必然」を貫徹するであろう。彼等の意思は、ここでもまた、自由でない者たちに自由を強制する。これは、具体的な現実においては、教育的独裁である。ただし、世界史がたえず進展してゆくべきものだとすれば、事物に反するものを力によって除去することが永遠に必要であり、それゆえに独裁は永久的となろう。ここでもまた、ヘーゲル哲学によればあらゆる出来事に存する一般的な二面性が、とりわけヘーゲル哲学そのものにひそんでいることが示されている。すなわち、その発展概念は、独裁を廃棄しうると同時に、その永久性をも説明しうるのである。人間の活動については、より高い段階のものがより低い段階のものに意識的に支配を行使する、という議論がつねにある。そのことは、合理主義的な教育的独裁の[政治の]実際上の結果においても同様である。ヘーゲル主義もまた、およそすべての合理主義の体系と同様に、諸個人を偶然的および没本質的なものとして否定し、系統的に、全体を絶対的なるものに高めるのである。

世界精神は、最初はつねに少数の頭脳の中でのみ、その意識性のときどきの程度に応じて理解される。時代の全体意識は、すべての人びとに、また指導的な国民あるいは指導的な社会集団のすべての構成員にすら、一挙にあらわれるわけではない。世界精神の先発隊、発展と意識性の先端を切る者、正しい認識と意識性をもっているがゆえに行動への権利をもつ前衛が、つねに存在する。この前衛は、人格神の選びしものではなく、歴史的発展——前衛とて、歴史的発展の外に出ようと欲するわけではない

――における契機、あるいは、通俗的な比喩によるなら、到来しつつあるものの助産婦なのである。世界史的な人格――テセウス、カエサル、ナポレオン――は、世界精神の道具である。彼等の有無をいわさぬ命令は、彼等が歴史的な時点にたっていることにもとづいている。ヘーゲルは当時一八〇六年に世界精神がイエナを騎行するのを見たが、それは、一人の軍人であってヘーゲル主義者ではなかった。それは哲学とサーベルとの結合の体現であったが、ただ、サーベルの側からの結合であった。しかし、その時代を正しく認識したという意識から政治上の独裁を要求したのはヘーゲル主義者たちであり、その独裁において、かれらは、自明のことのように、独裁者たらんとしたのである。フィヒテと同様に、かれらは、「自分の洞察が誤っていないことを全世界に証明する決心」だったのであり、それゆえにかれらは独裁への権利を手にしたのである――。

［マルクス主義的社会主義における独裁と弁証法］［ここで］ヘーゲルの哲学について言われたこと、すなわち、それが、実践的な帰結として合理主義的独裁に導いて行きうるような一面をもっているということは、マルクス主義にもあてはまる。しかも、その独裁の形而上学的たしかさの基礎にある一種の明証性は、まったくヘーゲルの歴

史構成のわく内にとどまっている。マルクスの学問的関心がのちにもっぱら経済学にむけられ(このことも、すぐのちに示されるはずであるとおり、ヘーゲル的思考の帰結である)、また、階級という決定的な概念が歴史哲学的および社会学的な体系の中にくみ入れられていないがために、表面的な観察によって、マルクス主義の本質を、唯物史観の中にあるとしてしまうことがあった。しかし、『共産党宣言』においてすでに、──その基礎線はつねにありつづけるのだが──独自の歴史構成が示されている。世界史が階級闘争の歴史であるということを、前から人びとは知っていた。その点には、実は、共産党宣言の新しさはない。またブルジョワジーは、一八四八年のずっと前から、憎むべき像として知られていた。そして、当時、このことばを罵言と考えていないような著名な著作はほとんどなかった。共産党宣言の新しさと魅力は、それとはちがうことであった。それは、階級闘争が、人類史の無比で最終的なひとつの闘争、緊張の弁証法的最高頂、すなわち、ブルジョワジーとプロレタリアートの階級闘争へと系統的に凝集するということであった。多くの諸階級の対立が、唯一の対立に単純化される。かつての数多くの階級にかわって、また、マルクスによって『資本論』(向坂逸郎訳、岩波文庫)なる経済学上の研究の中でもなお承認された、リカードの三つの階級(資本家、地主、賃労働者)にすらかわって、唯一の対立があらわれる。単純化は、効果の力づよい強化を意味する。それは、系統的かつ方法的な必然性をともなって生まれた。発展の過程は、その土台が経済的なものだとはいえ、弁証法的であり、それゆえに論理的であるからして、世界史の最終的限界的で、絶対に決定的な転回点においては、ひとつの単純な対立が、あらわれなければならない。世界史的な瞬間の最大の緊張はかようにして生まれる。この論理的な単純化の中に、現実の闘争だけでなく思想上の対立についても、その最終的な高揚が存在する。すべてが究極にまで貫徹されなければならず、そこから、弁証法的な必然性をもって転換が起こらなければならない。途方もない富が途方もない窮乏に、すべてを所有する階級が何物をも所有しない階級に、ただ所有し持つだけでもはや人間的な何物でもないブルジョワが、何物をも持たずなお人間でもあるプロレタリアに、対立しなければならない。ヘーゲル哲学の弁証法がなければ、窮乏化の状態が数世紀のあいだ続き、結局は人類が全面的な沈滞に沈むか、新しい民族移動が地球の表面を変えるかする、ということは、これまでの歴史上の体験からして十分に考えられることとなろう。未来の共産主義社会、階級なき人類というより高次の段階は、それゆえ、社会主義がヘーゲル弁証法の構造を保持している場合にのみ明証性をもつのである。その際は、たしかに、資本主義的社会秩序の非人間性が必然的に、それ自身の否定を自らのうちから生み出さざるをえない。

ラッサールが(シュルツェ＝デリッチュを批判して)「リカードはブルジョワ経済学の最大の理論家であり、かれはブルジョワ経済学を頂点にまで、すなわち、それ自身の理論的発展の結果として社会経済学に転ずること以外にはもはや何も残されていないようなどん底に導いている」と述べたとき、かれにあってはたしかに思考上というよりは修辞上の嗜好のほうがはたらいていたとは言え、かれもまた、ヘーゲル弁証法の影響のもとで、緊張状態を極限の対立にまでおしつめようとしていたのである。それゆえにブルジョワジーは、自分の最後がきたという確信があらわれる前に、その究極の完成度に到達しなければならない。この本質的な考えかたにおいては、ラッサールもマルクスもまったく一致している。まず、諸々の対立が究極の絶対的な階級対立に単純化されるとき、弁証法の過程のなかに、絶対的に限界点をなす瞬間がもたらされる。しかし、さらに、この瞬間があらわれ、ブルジョワジーの最期が実際に到来したのだということの確かさがどこからくるのか、という問題がある。そのさいマルクス主義の議論のしかたの明証性を追求するならば、ヘーゲルの合理主義に典型的なひとつの自己保証がみとめられる。その理論構成は、発展とはつねに高まってゆく意識を意味するということから出発し、この意識の固有の確かさのなかに、その構成が正しいということの証拠を見てとる。意識の高揚という弁証法的理論構成は、それを構成しつつある思想家をして、その思考のゆえに自らが歴史的発展の先端にいるのだと考えざるをえなくさせる。同時に、そのことはかれにとって、かれによって余すところなく認識されたものを克服すること、歴史的な過去としてかれの背後にある段階を克服すること、を意味する。かれのなかに歴史的発展が最も深く意識されていなかったとしたら、かれは正しく思考することができず、自己矛盾におちいってしまうであろう。ひとつの時代が人間の意識において把握されるということは、歴史的弁証法にとっては、認識された時代が歴史的に過去のものとなったことの証拠をもたらすものである。なぜなら、その思想家の顔は歴史的なるもののほうを、すなわち、過去および過ぎ去りつつある現在のほうを向いているからである。ヘーゲル主義者は予言者のように未来を予言することができると信じている、という通俗的見解ほど誤ったものはない。ヘーゲル主義者は到来しつつある事物を、具体的に、ただし、今日すでに歴史的に過去のものとなったものの弁証法的対立物として消極的にのみ、知るのである。反対に、かれは、現在的なるものにまで発展した過去のものを、その継続的な発展のなかに認知する。かれがそれを正しく認識し正しく構成するとき、それは余すところなく認識されたものとして、意識によって克服された段階に属し、その最後の時が到来した、ということを確信しうるのである。

「鉄の必然性」という言いまわしがしばしば用いられているにもかかわらず、マルクスは、天文学者が将来の星の位置を計算するようには、到来する事物を計算するわけでない。またかれは、——心理学主義的なジャーナリズムがかれをそういうものとして描こうとしたのだが——到来する破局を予言するユダヤ的予言者なのでもない。かれにおいてつよい道徳的パトスがいきいきとしていて、かれの議論と叙述様式に影響をあたえているということは、認識するのに困難でない。しかしそのことは、ブルジョワへの憎しみに充ちた軽侮もそうなのであるが、かれに特有のものではない。それらは両方とも、多くの非社会主義者においても見いだされる。だがマルクスは、ブルジョワを貴族的および文学的な怨みの感情の領域から、ひとつの世界史的な存在へとひき上げた。この世界史的な存在は、直接的な必然性をもって善へと逆転してゆくために[その対立物として善と絶対的に人間的なものとを呼び起こすために]、道徳的な意味においてではなくヘーゲル的意味において、絶対的に非人間的なものでなければならない。それは、ヘーゲルによれば（『精神現象学』Ⅱ二五七、金子武蔵訳『精神の現象学』岩波文庫）、「ユダヤ民族については、まさに救済の入り口のいちばんそばにいるがゆえに最も排斥されている者なのだ、と言いうる」のと同様である。それゆえマルクス主義から言えば、プロレタリアについては、それは絶対的にブルジョワジーの否定であろう、と言えるだけである。プロレタリアがプロレタリアの将来国家の中でどのような状態にあるかを描き出すのは、非科学的な社会主義であろう。プロレタリアにかかわるすべてのことが消極的にのみ規定されるということは、ひとつの体系的な必然性である。そのことを完全に忘れたときはじめて、プロレタリアを積極的に規定しようとする試みをくわだてることができた。将来の社会について正当に言えるのは、そこにはいかなる階級対立もないということだけであり、プロレタリアについては、それは剰余価値にあずかることなく、所有なく、家族も祖国も知らない……ような社会階級だ、ということだけである。［プロレタリアは、社会的な無となる。(2)］プロレタリアについては、ブルジョワとは反対に、人間として無、ということがあてはまらなければならない。そこから、プロレタリアが過渡の時期においては階級所属者以外の何ものでもあってはならず、まさに、人間性への対立物をなすところのもの、すなわち階級のなかで現われなければならぬ、ということが、弁証法的必然性をもって帰結されるのである。階級対立とともにあらゆる対立が絶対的に克服され、純粋な人間性の中に消滅しうるために、階級対立は絶対的な対立とならなければならない。

[マルクス主義の自己保証]　それゆえ、マルクス主義の科学的な確かさは、プロレタリアが経済的にブルジョワジーの弁証法的対立物であるかぎりにおいて、消極的にのみ、プロレタリアにかかわる。それに反してブルジョワジーは、積極的にかつ完全な歴史性において認識されなければならない。ブルジョワジーの本質が経済的なるもののなかにあるがゆえに、マルクスは、ブルジョワジーを余すところなくその本質においてとらえるために、それを経済の領域で追求しなければならなかった。それが成功し、[マルクスが]ブルジョワジーを余すところなく認識したとき、ブルジョワジーは歴史に属し、過去のものとなり、精神が意識において克服したところの発展段階をなす、という証拠がもたらされる。マルクス主義的社会主義の科学性にとって、ブルジョワジーを正しく分析しとらえることに成功するかどうかということは、真に死活の問題である。マルクスが国民経済の諸問題のなかに入りこんでいった魔力的な熱意

の最も深い動機は、ここにある。人びとはマルクスに対し、かれが経済および社会の生活の自然法則を発見しようと欲し、しかも、資本制的生産様式の「古典的な場所」としてのイギリスの産業関係にほとんどもっぱらその研究を限局したこと、かれが商品と価値、それゆえにブルジョワ的資本主義の概念についてのみ語り、そうすることによって古い古典的な、それゆえにブルジョワ的な経済学にとどまったこと、に非難をむけた。マルクス主義の特殊な科学性が鋭い分析にのみあったとするなら、そのような非難は正当だということになろう。しかし、ここでは、科学性とは、意識を発展の規準とするところの発展の形而上学の意識性を意味する。マルクスがたえず新たにブルジョワ経済学に取り組む際に示した度外れた集約力は、それゆえに、アカデミックな理論的な熱狂でもなければ、敵に対する単に技術的な戦術的関心でもない。それは、徹頭徹尾形而上学的な必然のもとにある。正しい意識は、新しい発展段階がはじまることの試金石である。それが起こらないかぎり、また、新しい時代が現実にさし迫ってこないかぎり、これまでの時代、すなわちブルジョワジーは、正しく認識されることができない。逆にいえば、それが正しく認識されるということは、その時代が終末にきていることの証拠である。ヘーゲル主義の、またマルクス主義の確かさの自己保証は、かような循環論の中で成立している。それゆえ、発展の行程の正しい洞察がはじめて、プロレタリアートの歴史的時期が到来したことの科学的確実性を与えるのである。ブルジョワジーはプロレタリアートを理解することができないが、プロレタリアートのほうはブルジョワジーを理解することができる。かくて、ブルジョワジーの時代にたそがれがやってくる。ミネルヴァの梟《ふくろう》は飛翔をはじめる。そのことは、芸術と学問が栄えるという意味にではなく、没落してゆく時代が新しい時代の歴史的意識の対象となったという意味に、解されるべきである。——

自分自身に回帰したマルクス主義的人間は、その究極の状態においては、合理主義的な教育独裁が人類の究極状態として見てとったところのものから、区別されえないであろう。しかしわれわれは、思考をそこまですすめる必要はない。世界史をもその構成のなかにひきいれてしまうこの合理主義は、たしかに、壮大な劇的な諸要因をもっている。しかし、その合理主義の高揚は、ひとつの熱病におわり、合理主義はもはや、牧歌的な楽園、コンドルセが人間性の発展についてのその概観、「啓蒙主義の黙示録」のなかで見てとった啓蒙主義の素朴な楽観主義を、ゆく手にすぐに見てとりはしない。新しい合理主義は自分自身をも弁証法的に止揚し、おそるべき否定がそのゆく手には存在する。そのさいに生ずる暴力行使は、もはや、素朴な教師風なフィヒテ流の教育独裁ではありえない。ブルジョワは、教育されるべきではなく、絶滅されるべきものとなる。そこで行なわれる闘争、全くなまなましい血なまぐさい闘争は、本質においてはつねに思弁にとどまっているヘーゲル主義の構成とはちがった思考過程、ちがった精神状態を必要とした。ヘーゲル主義の構成は、たしかに最も重要な知的要素として、完全に存続し、レーニンやトロツキーのほとんどすべての著作は、それがなおどのような活力をもちうるものかを、認識させる。しかし、それは、本当はもはや合理主義的でない動機にとっての、ひとつの知的道具にすぎないものになった。ブルジョワジーとプロレタリアの間で燃えあがる闘争の当事者たちは、現実の[具体的な]闘争にとって必要な具体的な像を手に入れなければならなかった。具体的な生の哲学が、そのために精神的な武器を提供した。それは、すべての知的認識を、より深い――主意主義的、情緒的あるいは生命力ある――過程にくらべて第二義的にすぎぬものと見るところの、また、伝統的な道徳の序列関係、すなわち、無意識に対する意識の優位、本能に対する理性の優位を根底からゆり動かした精神状態に対応するところの、ひとつの理論である。教育独裁の絶対的合理主義にも、権力分立の相対的合理主義にも対抗して、直接的な暴力行使の新しい理論があらわれ、討議への信念に対抗して、直接行動の理論があらわれる。議会主義だけでなく、合理主義的な独裁のなかに理論的にはいまだに維持されていた民主主義もまた、それによって、基礎を攻撃された。トロツキーが民主主義者カウツキーに反対して正当に指摘したように、相対性の意識のなかには、暴力を行使し血を流す勇気を見いだせないのである。

第四章　直接的暴力行使の非合理主義理論

現代議会主義の精神史的状況と議会主義思想の力を認識するために、以下の観察は、徹頭徹尾、政治的および国家哲学的な諸傾向の思想的基礎にその関心をむける、ということをここで繰り返す必要がある。マルクス主義のプロレタリア独裁にはたえず合理主義的独裁の可能性が存続したのに対し、直接行動と直接的暴力行使の現代の理論はすべて、多かれ少なかれ意識的に、非合理性の哲学にもとづいている。それがボルシェヴィキの支配においてあらわれた実態においては、政治の現実にあってはきわめてさまざまの流れや傾向が共存して実在しうるものだ、ということが示された。ボルシェヴィキの統治が政治的理由から無政府主義者たちを弾圧したにもかかわらず、ボルシェヴィキの議論が実際にそのなかで展開される際、その枠組みは、明白にアナルコ・サンディカリスムの思考過程を含んでおり、ボルシェヴィキたちがその政治的力を用いて無政府主義を打倒したということは、それらの精神的近縁性を否定するものではない。それはあたかも、クロムウェルによる水平派の弾圧が彼と水平派との関連性をたち切るものでなかったのと同様である。マルクス主義がロシアの大地であれほど妨げなくあらわれたのは、おそらく、ロシアではプロレタリア的思考が、西ヨーロッパ的伝統のあらゆる拘束、マルクスやエンゲルスがなお完全に自明のものとしてそのなかで生きていたあらゆる精神的観念と教養の観念から、最終的に解放されていたからである。[今日いまだマルクス主義政党において]公式にとられているようなプロレタリア独裁の理論は、たしかに、歴史的発展を自ら意識する合理主義が暴力行使へといかに移るかについての、ひとつのみごとな例示ではあろう。また、その心情において、その議論において、その組織上および行政上の実施において、一七九三年のジャヤコバン独裁との無数の比較が示されるし、ソヴィエト政府によっていわゆる「プロレタリア崇拝」のなかでつくられた教育および育成組織の全体は、急進的な教育独裁のみごとな事例である。しかし、まさしくロシアにおいて、現代的大都市の産業プロレタリアの思想が、あのような優位に到達できたのはなぜか、ということは、そのことによってはまだ説明がつかない。その理由は、暴力行使の新しい非合理主義的動機がそれに寄与していたというところにある。それは、ひとつの極端な誇張からその反対物に急転してユートピアに夢想をはせる合理主義ではなくて、合理的思考一般への新しい査定であり、討論へのあらゆる信念をしりぞけ、教育独裁によって人類を討論に熟させようとすることをもしりぞけるであろうような、本能と直観への新しい信念である。

直接行動理論についての〔興味ぶかい〕著作があるなかで、ドイツでは、エンリコ・フェリの『革命的方法』が知られているだけであり、それはロベルト・ミヒェルスの翻訳のおかげである。以下の叙述は、精神史的連関が最も明瞭にみとめられるジョルジュ・ソレルの『暴力論』(1)(*Réflexions sur la violence*, 今村仁司、塚原史訳、岩波文庫)にそくしてなされる。そのうえ、この書物の長所は、数多くの独創的な歴史的および哲学的着想にあり、その精神的な祖先であるプルードン、バクーニンおよびベルクソンに帰依することを自認している。この著作の影響は、一見してみとめられるより以上に大きく、たしかに、ベルクソンが流行おくれになったことによって片づけてしまうことはできない。(2)ベネデット・クローチェは、ソレルはマルクス主義の夢に新しい形態をあたえたが、労働者層においては民主主義的思考が最終的にうちかった、と述べた。しかし、ロシアおよびイタリアで起こった出来事の後では、そのことをそれほど最終的に承認することはもはやできないだろう。この『暴力論』の基礎にあるのは、ベルクソンから承継され、プルードンとバクーニンという二人の無政府主義者の影響のもとで社会生活の問題に転用された、直接的かつ具体的な生の理論である。

プルードンおよびバクーニンにとって、無政府主義は、あらゆる種類の体系的統一性に対する、現代国家の中央集権的画一性に対する、議会の職業政治家に対する、官僚制と軍隊と警察に対する、形而上学的集権主義として感ぜられる神の信仰に対する、闘争を意味する。神と国家という二つの観念の類比は、王政復古期の哲学の影響のもとで、プルードンの心にうかんできたのであった。プルードンはそれに、革命的、反国家的かつ反神学的な方向転換をあたえ、それをバクーニンが究極の帰結までおしつめた(3)。神と国家という包括的体系のどちらかにおいても、具体的な個別性、生の社会的現実は、圧迫される。啓蒙主義の統一性への熱狂も、現代民主主義の統一性と同一性も、劣らず専制的である。統一性は隷従である。すべての暴政的制度は集権主義と権威にもとづいており、現代民主主義におけるようにそれが普通選挙によって正当化されようとそうでなかろうと、同じである(4)。バクーニンは、神と国家に対するこの闘争に、主知主義と伝来の教養の形態一般とに対する闘争の性格をあたえる。かれは

――それは十分な根拠のあることであるが――、知性を援用するということのなかに、運動の首、頭、頭脳、それゆえにふたたび新しい権威になろうとする僭望を見てとる。科学もまた、支配する権利をもたない。科学は生ではなく、何物をも創造せず、理論構成し保持はするが、一般的なるもの、抽象的なるものしか、理解せず、生の個別的なゆたかさを、その抽象化の祭壇のいけにえにする。芸術は、人類の生にとって、科学よりも重要である。バクーニンのこのような言明は、ベルクソンの思想といちじるしく一致しており、そのことは正当にも指摘されているところである(5)。労働者層の直接的な内的生そのものから、労働組合およびその特有の闘争手段、とりわけストライキの意味が、認識された。かようにして、プルードンとバクーニンは、サンディカリスムの父となったのであり、ベルクソン哲学の論拠によって支援されてソレルの思想の基礎となった伝統を、つくり出した。その核心は、神話の理論であり、それは、絶対的な合理主義とその独裁に対する最も強い対立物を意味したが、同時に、それが直接的な能動的決断であるがゆえに、均衡、公開の討論および議会主義のような諸表象を中心とする一群の観念の相対的合理主義に対する、より強い反対物をも意味する。

ソレルにとって、行動とヒロイズムへの資質、あらゆる世界史的活動性は、神話へと向かう力のなかにある。かような神話の例は、ギリシア人における盛名や名声の観念、あるいは古代キリスト教における最後の審判の日への期待、フランス大革命期における「徳」(vertu)と革命的自由への信念、一八一三年のドイツの解放戦争における民族的熱狂、などである。民族あるいは他の社会集団がひとつの歴史的役割をもっているかどうか、その歴史的時点が到来したかどうか、についての試金石は、神話の中にのみ存する。推論あるいは合目的的な考慮からではなく、真の生の本能の深みから、偉大な熱狂、偉大な精神的決断および偉大な神話が生ずる。熱狂した大衆は、大衆のエネルギーを駆りたて、殉教への力や暴力行使の勇気を大衆に与えるところの神話像を、直接的な直観からつくり出す。このようにしてのみ、ひとつの民族あるいはひとつの階級が、世界史の動力源となる。そういうことがないところでは、いかなる社会的および政治的な力ももはや維持されえず、また、歴史的な生の新しい流れが起こるときには、いかなる機械的装置も堤防となることができない。したがって、今日そのような神話への資質、そのような活力ある力がどこで現実に生きているか[を正しく見ること]に、すべてがかかっている。現代のブルジョワジー、貨幣と所有をめぐる不安の中で堕落し、懐疑と相対主義と議会主義とによって精神的に混乱したあの社会層においては、たしかに、それは見いだされぬであろう。この階級の支配形態、現代の民主主義は、「デマゴギー的な金権政治」にすぎない。それなら今日ではだれが、偉大な神話の担い手であるのか？　ソレルは、産業プロレタリアの社会主義大衆だけがなお、神話を、しかもかれらが信ずるゼネストの中で有している、ということを論証しようとする。プロレタリアがどのような信仰をゼネストに結びつけ、ゼネストがどのような行為と犠牲にまでプロレタリアを熱狂させるのか、また、それは新しい道徳を生み出すことができるかどうか、ということにくらべれば、ゼネストが今日実際に何を意味するかということは、はるかに重要でない。ゼネストへの信仰および、ゼネストによって惹起される全社会生活・経済生活のおそるべき破局への信仰は、それゆえ、社会主義の生命に属する。それは、大衆そのものから、産業プロレタリアの生活の直接性から生ずるのであって、知識人や文筆家の発明として生ずるのでもないし、ユートピアとして生ずるのでもない。なぜなら、ユートピアもまた、ソレルによれば合理主義的精神の産物であり、機械的な図式にしたがって外から生《レーベン》を制御しようとするものだからである。

この哲学の観点のもとでは、平和的な意思疎通というブルジョワ的理想――そこでは、すべてのものが利益を見いだし金儲けをするはずなのだ――は、怯懦《きょうだ》な主知主義の産物とされる。討論し妥協し交渉をする商議は、なによりも重要な神話とそれに伴う偉大な熱狂を、裏切ることである。均衡という商人的な像に対して、もうひとつの像、すなわち、血なまぐさい、決定的な、殲滅的な決戦という、戦士的な観念が対置される。この像は、一八四八年に、議会主義的立憲主義に対抗して、二つの側からあらわれた。保守的な意味における伝統的な秩序の側からは、スペインのカトリック教徒、ドノソ・コルテスによって代表され、急進的なアナルコサンディカリスムの側ではプルードンにおいてである。両者とも、ひとつの決断を求める。かのスペイン人のすべての思想は、おそるべき破局のための大いなる闘争(la gran contienda)をめぐって展開する。その破局はさしせまっており、討論する自由主義の形而上学的な怯懦さによってのみ否定されうるにすぎない。また、プルードンは――かれの思考にとって、ここで『戦争と平和』(*La guerre et la paix*)という著作が特徴的なのであるが――、敵を殲滅する「ナポレオン的戦闘」(Bataille Napoléonienne)について語っている。プルードンにとっては、血なまぐさい闘争につきもののあらゆる暴力性、法の侵犯は、歴史の裁可を得るのである。議会主義的な取引になじむ相対的な対立にかわって、いまや絶対的な対立があらわれる。「徹底的な否定と絶対的な断定の日が来る」。いかなる議会の討論も、その日をおしとどめることはできない。その本能によってかりたてられた民衆は、ソフィストたちの講壇をうちこわすだろう(6)――コルテスのすべての言辞は、一言一句ソレルのものともなりうるほどであるが、ただ、この無政府主義者のほうは民衆の本能の味方をしている、という点は別である。コルテスにとって、急進的な社会主義は自由主義的寛容よりも偉大なものであるが、それは、急進的な社会主義が究極の問題まで遡り、根源的問題について決定的な回答を与えるからであり、それがひとつの神学をもっているからである。まさしくプルードンは、ここでは敵なのであるが、それは、プルードンが一八四八年において最も知られた社会主義者であった――かれに反対してモンタランベールが有名な議会演説をした――からではなくて、かれが、根源的な原理を根源的に主張したからである。かのスペイン人は、正統主義者の愚鈍なほどの予感のなさやブルジョワジーの怯懦な狡猾さに対して、絶望していた。かれは、社会主義にのみ、かれが本能(el instinto)とよぶところのものを依然として見てとったのであり、そこから、かれは、すべての党派は結局は社会主義のためにはたらくことになる、という結論をひき出したのであった。かようにして、対立はふたたび精神的な次元を獲得し、しばしば、まさしく終末論的緊張に達した。ヘーゲル主義的マルクス主義の弁証法的に構成された緊張とはちがって、ここでは、神話的な像のあいだの直接的かつ直観的な対立なのである。マルクスは、ヘーゲル主義的素養の高みから、プルードンを哲学の素人として扱い、かれがいかにひどくヘーゲルを誤解したかを示しえた。今日ならば、急進的な社会主義者は、今日流行の哲学の助けをかりて、マルクスはそこでは学校教師にすぎなかったのであり、まだ完全に、西ヨーロッパ的ブルジョワ的教養を主知主義的に過大視しつづけていたのであって、あわれな、叱責されたプルードンのほうは、労働大衆の現実の生に対する本能をともかくも持っていたのだ、ということをマルクスに示すことができたかもしれない。コルテスの目にとっては、かの社会主義的無政府主義者は悪霊・悪魔だったたし、プルードンにとっては、かのカトリック教徒は、嘲笑すべき狂信的な異端審問官であった。ここに二人の本来的な敵対者があったのであり、他のすべては仮の中途半端なものであった、ということは、今日では容易に認識することができる。〔7〕

闘争と戦闘に結びつく戦士的かつ英雄的な観念は、ソレルによってふたたび、緊張した生の真の衝動として真剣にとりあげられる。プロレタリアは、ひとつの現実の闘争として階級闘争を信じなければならないのであり、議会演説や民主主義的な選挙運動のための標語を信ずるのとはちがう。プロレタリアは、階級闘争を、生の本能から、科学的な構成なしに、暴力的な神話の創造者としてとらえるのであり、その神話のなかに、決戦への勇気を見いだすのである。それゆえに、社会主義とその階級闘争思想にとっては、職業政治、および議会主義的活動への参与よりも大きい危険というものはない。それらは、偉大な熱狂をおしゃべりと陰謀のなかで弱めてしまい、精神的な決断の源泉である真の本能と直観とを殺してしまう。人間の生がもっている価値的なるものは、理屈からはでてこない。それは、偉大な神話的像によって魂をふきこまれて闘争に参加する人間が闘争の状態に立ったときに生まれる。それは、「人びとが参加することをひきうけ、かつ、明白な神話となってあらわれる闘争状態」(*Réflexions*, p. 319)にもとづくのである。戦士的、革命的な熱狂、およびおそるべき破局への期待は、生の緊張の本質に属し、歴史を動かす。しかし、熱狂は大衆自身からこなければならない。イデオローグや知識人はそれをつくり出すことができない。一七九二年の革命戦争はそのようにして生じたのであり、ソレルがルナンとともに一九世紀の最大の叙事詩として讃美する時期、とりわけ一八一三年のドイツの解放戦争もそのようにして生じた。匿名の大衆の非合理的な生のエネルギーから、それらの英雄的精神が生まれたのである。

あらゆる合理主義的な解釈は、生の直接性を変造してしまうであろう。神話はユートピアではない。なぜなら、ユートピアは、理性をもってする思考の所産であり、せいぜい改良にみちびくだけだからである。また、戦士的な躍動《エラン》を軍国主義と混同してはならないし、とりわけ、この非合理主義哲学の暴力行使は、独裁とはちがったものであろうとしているのである。ソレルはプルードンと同様、あらゆる主知主義、すべての集権主義や画一化を憎悪したが、これまたプルードンと同様に、極度に厳格な規律と道徳とを要求した。偉大な戦闘は、学問的な戦略の作品ではなくて、「英雄的な武勲の集積」であり、「蜂起した大衆のなかにおける個人の力」の解放である(*Réflexions*, p. 376)。熱狂せしめられた大衆の自然発生性から生ずる創造的暴力は、それゆえにまた、独裁とはちがったものである。合理主義、およびそれに伴うすべての一元主義、集権主義と画一性、さらに、「偉人」に対するブルジョワ的幻想は、ソレルによれば、独裁の要素である。それらの実際上の結果は、組織的な圧制であり、司直のごとき冷酷さであり、また、機械的な装置である。独裁は、合理主義的精神から生まれた軍事的・官僚制的・警察的な機構にほかならず、それに反し大衆の革命的暴力行使は、直接的な生の表現であり、しばしば粗暴かつ野蛮ではあるが、決して組織的に冷酷かつ非人間的なものではない。

プロレタリア独裁は、精神史的連関性を考えるあらゆる人にとって同様、ソレルにとっても、一七九三年の反復を意味する。プロレタリア独裁はおそらく弁説家と文筆家のクラブの独裁であろう、という見解を修正主義者ベルンシュタインが述べたとき、かれは、まさしく一七九三年の模倣を考えていたのであり、ソレルはかれに、「プロレタリア独裁の観念はアンシャン・レジームの遺産である」、と反論している（*Réflexions*, p. 251）。プロレタリア独裁の観念の帰結としては、ジャコバンがそうしたと同様に、新しい官僚制的および軍事的な装置でもって古い装置にかえる、ということになる。それは、知識人とイデオローグによる新たな支配であって、プロレタリア的自由ではあるまい。エンゲルスもまた――「プロレタリア独裁は一七九三年と同様に進むだろう」ということばはかれのものである――、ソレルの目からすれば典型的な合理主義者である。(8) しかし、だからといって、プロレタリア革命が修正主義的・平和主義的・議会主義的に進行しなければならぬ、という帰結は出てこない。むしろ、ブルジョワ国家の機械的・集権的な権力にかわって創造的なプロレタリアの暴力が、「権力」(force)にかわって「暴力」(violence)が、あらわれる。これは、戦士的な行動にほかならず、法的および行政的な形式をととのえた措置ではない。マルクスは、まだ伝統的な政治的観念表象のなかで生きていたがゆえに、この区別をまだ知らなかった。プロレタリアの非政治的な組合とプロレタリアのゼネストが、かつての政治的および軍事的手段の反復をまったく不可能にするような、特殊な新しい闘争手段をつくり出す。プロレタリアにとっては、それゆえ、かれの闘争手段が議会主義的民主主義によって手中からうばわれ、麻痺させられるということのみが、危険なのである(*Réflexions*, p. 268)。

かように決定的に非合理主義的な理論に理論をもって対抗しようとするならば、(9)種々の不整合性を指摘しなければならないであろうが、それは、抽象的論理の意味における欠点ではなく非有機的な矛盾である。まず、ソレルは、プロレタリア的観点の純粋に経済的な土台を保持しようとし、多くの非難をしたにもかかわらず、つねに決定的にマルクスから出発している。かれは、プロレタリアが経済的生産者の道徳を創造することを望む。階級闘争とは、経済的土台のうえで経済的手段をもって行なわれる闘争である。マルクスが体系的かつ論理的な必然性からして、かれの敵対者たるブルジョワを経済的領域へと追跡した、ということは前章で示されたところである。それゆえそこでは、闘争する舞台、およびその武器すなわち論理の構造をも、敵が規定した。経済的領域へとブルジョワを追跡するとき、民主主義および議会主義へもそれを追跡せざるをえなくなるであろう。くわえて、ブルジョワ的経済の経済的・技術的合理主義なしには、さしあたり少なくとも経済的領域では、活動することができなくなるであろう。資本主義の時代がつくり出した生産機構は、合理主義的な合法則性をふくんでいる。神話は、それを破壊する勇気をくみ出す源泉となりうるかも知れないが、しかし、そのような生産機構が承継・発展されるべきであり、生産がひきつづき増大すべきものだとするならば――ソレルもまた明らかにそれを欲しているが――、プロレタリアはその神話を放棄せざるをえなくなるであろう。ブルジョワジーと同様にプロレタリアも、生産機構の圧倒的な力によって、合理主義的および機械的な没神話性へと強制される。ここでもマルクスは、より合理主義的であるがゆえに、決定的な意味でいっそう首尾一貫している。しかし、非合理性の見地からみるならば、ブルジョワジーよりもより経済的でありより合理主義的であろうとするのは、裏切りであった。バクーニンはそのことを、完全に正しく感得していた。マルクスの教養と思考様式は伝統的なるもの、すなわち、当時としてはブルジョワ的なるもののなかにとどまっており、そのようにしてかれは、かれの敵対者に精神的に依存したままであったのである。にもかかわらずかれは、まさにかれがブルジョワを理論構成することによって、ソレルの意味における神話にとって不可欠な仕事をなしとげたのであった。

神話の理論の偉大な心理学的および歴史的な意味は、決して否定されることができない。ヘーゲル弁証法の手段をもってくわだてられたブルジョワの構成もまた、敵対者のひとつの像をつくるのに役だち、その像のうえに、ありとあらゆる憎悪と軽侮の熱情が累積することができたのであった。私は確信するが、このブルジョワ像の歴史は、ブルジョワそのものの歴史と同じく重要である。最初は貴族によってつくられた嘲弄の人物像が、一九世紀に、ロマン派の芸術家や詩人たちによって引き継がれる。スタンダールの影響が広がって以来、すべての文士たちは、ミュルジェの『ボエーム』のように、ブルジョワのおかげで生活し、あるいはブルジョワの読者のお気に入りの読みものになったときでもなお、ブルジョワを軽侮した。かような戯画化よりも重要なのは、ボードレールのような社会的に零落した天才の憎悪であり、それは、ブルジョワ像につねに新しい生命をあたえる。フランスでフランスの著作家たちによってフランスのブルジョワについてつくられたかような人物像を、マルクスとエンゲルスは、世界史的な構成の次元におくのである。かれらはその人物像に、階級に分裂した人類の前史の最後の代表者、人類一般の最後の敵、最後の人類的憎悪(odium generis humani)の意味をあたえる。そのようにして、その像は無限に拡大され、世界史的なだけでなく形而上学的でもある大規模な背景を伴って、東方へとはこばれていった。そこでは、その像は、西ヨーロッパ文明の錯綜性、人為性および主知主義に対するロシア的憎悪に新しい生命をあたえ、また、自らもそれから新しい生命を受け取った。ロシアの土壌のうえで、この像がつくり出してきたすべてのエネルギーが結合した。ロシア人もプロレタリアも両方とも、いまや、ブルジョワのなかに、死命を制する機構のようにかれらの生活様式を圧迫しようとするすべてのものの権化を、見てとったのである。

この像は西から東へと移った。しかしそこでは、もはや純粋に階級闘争の本能から生じたのではなく、強い民族的な要素をふくむひとつの神話が、この像をとらえた。ソレルは、一種の遺言として、一九一九年の『暴力論』の最終版に、レーニンのための弁護をつけくわえた。ソレルは、レーニンを社会主義がマルクス以来有した最大の理論家とよび、政治家としてはかれをピョートル大帝に比較している。ただし、今度は、もはや西ヨーロッパ的主知主義がロシアに順応するのではなく、むしろ逆に、プロレタリアの暴力行使がロシアで少なくともひとつのことを達成したのであり、すなわち、ロシアがふたたびロシア的に、モスクワがふたたび首都になったのであり、自分自身の国を軽侮しヨーロッパ化したロシアの上層部が殲滅されたのであった。プロレタリアの暴力行使はロシアをふたたびモスクワ的にした。国際主義的なマルクス主義者のことばにあっては、これは奇妙な讃辞である。なぜなら、それは、民族的なるもののエネルギーが階級闘争の神話のエネルギーよりもより大きいことを示すものだから。

ソレルが言及する別の神話の例もまた、近時に関するかぎりは、民族的なるものの優位を示している。フランス人民の革命戦争、ナポレオンに対するスペインとドイツの解放戦争は、民族のエネルギーの徴候である。民族感情においては、さまざまの要因が、きわめてさまざまの仕方でさまざまの民族について役割を演ずる。人種と血統という、より自然的な観念、ケルト・ローマ族にいっそう典型的にみられるように思われる「土地主義」、さらに、言語、伝統、共通の文化および教養をもつという意識、運命共同体の意識、異種のものそれ自体に対する敏感さ――これらすべては、今日、階級対立よりも民族の対立への方向にむかってうごいている。これら二種の対立は結合しあうこともあり、その例としては、新しいアイルランドの民族意識の殉教者であるパトレイック・ピアースと、アイルランドの社会主義者コノリーとのあいだの友情があげられよう。かれら二人はともに、ダブリンの蜂起の犠牲者として一九一六年に死んだのであった。共通の思想上の敵対者の存在が奇妙な一致をひきおこすということはありうる。ファシズムによるフリーメイスン運動の拒絶は、フリーメイスン運動に対するボルシェヴィキの憎悪と符合している。それは、「急進的ブルジョワジーによる労働者階級に対する最も陰険な欺瞞」だとされたのである。(10) しかし、階級と民族という二つの神話の公然たる対立に到達したところ、すなわちイタリアでは、今日までのところ、民族の神話が勝利を収めた。イタリアのファシズムは、その敵である共産主義を、身の毛もよだつような像、蒙古的なボルシェヴィズムの顔でもって描き出した。それは、ブルジョワについて社会主義が描いた像よりもより大きな印象をあたえ「、よりつよい感情をよび出し」た。神話を意識的に呼び出すことによって民主主義と議会主義が軽侮されてしりぞけられた例は、これまで唯一つである。それは民族の神話の非合理的な力という例であった。ローマ進軍の直前、一九二二年一〇月ナポリでの有名な演説で、ムッソリーニは述べた――「われわれはひとつの神話を創造した。神話は信仰であり、高貴な熱狂である。それは現実であることを必要としない。それは起動力であり、願望、信仰、勇気である。われわれの神話は民族、偉大な民族であり、われわれはそれを具体的な現実にしようと欲する」。この同じ演説でかれは、社会主義を、劣位の神話とよんでいる。かつての一六世紀におけると同様、ひとりのイタリア人がふたたび、政治的現実の原理を述べたのである。この事例の精神史的な意味がとりわけ大きいのは、イタリアの土壌における民族的熱狂の伝統はこれまでは民主主義的および議会主義的・立憲的なものであり、アングロサクソン的自由主義のイデオロギーによって完全に支配されているように見えていたからである。

神話の理論は、議会主義的思考の相対的合理主義がその明証性を失ったということの、最も強い表現である。無政府主義の著作家たちが権威と一体性とへの敵対性から神話の意義を発見したとき、かれらは、そうなることを欲せずにではあるが、新しい権威、秩序と規律と階序性への新しい感情の基礎づけに貢献したのであった。もとより、この種の非合理性の理念上の危険性は大きい。少なくともまだいくらか残存していた最後の同種性が、無数の神話の多元性のなかで消滅してしまうだろう。あらゆる神話が多神論的であるのと同様、政治神学にとって、それは多神論である。しかし、それは現在のつよい傾向であって、それを無視することはできない。議会主義的な楽観主義はこの運動をも相対化しようとし、ファシスト・イタリアのもとにおけるように、すべてを堪えしのんで、討論の再開まで待つことができるように希望するかもしれない。まさに討論さえなされるかぎり、討論すること自体をも討論に付そうと希望するかもしれない。しかし、自己の土台に向けられた攻撃に対し、当分のところほかに代替物がないと主張するだけでは足りないであろう。反議会主義の思想に対し、「議会主義——ほかに何があるのか?」と対抗するだけでは足りないであろう。

注

序　言

(1) ドイツの刊行物の中では多数の論文や冊子のなかから、つぎのものをあげておきたい。思想ゆたかな著作である M. J. Bonn, *Die Auflösung des modernen Staates*, Berlin 1921 [および *Die Krisis der europäischen Demokratie*, München 1925]; K. Beyerle による議会主義の擁護 *Parlamentarisches System——oder was sonst?*, München 1921; Carl Landauer の論説 "Sozialismus und parlamentarisches System", *Archiv für Sozialwissenschaft und Sozialpolitik*, 1922, Bd. 48, Heft 3 (シュンペーターに反論する議会主義の擁護)、最後に——本稿執筆後に私の知るところとなったのだが——Triepel の論文 Die Allgemeine Zeitung 22. 4. 1923. マックス・ウェーバー追悼論文集(München und Leipzig 1923)に発表された諸論稿 Rich. Thoma, "Der Begriff der modernen Demokratie in seinem Verhältnis zum Staatsbegriff" および Carl Landauer, "Die Wege zur Eroberung des demokratischen Staates durch die Wirtschaftsleiter" を、私はもはや参照することができなかった。ボンの B. Braubach 博士がフランスにおける反議会主義の諸潮流についての彼の論文草稿を私に参看させて下さったことに、心から感謝する。[Carl Landauer, "Die Wege zur Eroberung des demokratischen Staates durch die Wirtschaftsleiter", *Erinnerungs-*

gabe für Max Weber, 1922, Bd. II, "Die Ideologie des Wirtschaftsparlamentarismus", *Festgabe für L. Brentano*, 1925, Bd. I, S. 153 ff.; R. Thoma, "Der Begriff der modernen Demokratie in seinem Verhältnis zum Staatsbegriff", *Erinnerungsgabe für Max Weber*, 1922, Bd. II（それにつき Carl Schmitt, *Archiv für Sozialwissenschaft und Sozialpolitik*, 1924, Bd. 51, Heft 3）, "Zur Ideologie des Parlamentarismus und der Diktatur", *Archiv für Sozialwissenschaft und Sozialpolitik*, 1924, Bd. 53, Heft 1; Heinz Marr, "Klasse und Partei in der modernen Demokratie", *Frankfurter gelehrte Reden und Abhandlungen*, Heft 1, Frankfurt 1925（それにつき E. Rosenbaum im *Hamburgischen Wirtschaftsdienst*, vom 26. Febr. 1926）; Karl Löwenstein, *Minderheitsregierung in Grossbritannien*, München 1925; Hermann Port, "Zweiparteiensystem und Zentrum", *Hochland*, Juli 1925; W. Lambach, *Die Herrschaft der 500*, Hamburg 1926; Ernst Müller-Meiningen, *Parlamentarismus*, Berlin 1926.――オスワルト・シュペングラーの見解については明快で包括的な講演、Otto Koellreutter, *Die Staatslehre Oswald Spenglers*, Jena 1924.――「職能身分」の問題についての広汎な文献のなかからは、Herrfahrdt, *Das Problem der berufsständischen Vertretung*, Berlin 1921; Edgar Tatarin-Tarnheyden, *Die Berufsstände*, Berlin 1922; derselbe: "Kopfzahldemokratie, organische Demokratie und Oberhausproblem", *Zeitschrift für Politik*, Bd. 15, S. 97 ff.; Heinz Brauweiler, *Berufsstand und Staat*, Berlin 1925; derselbe: "Parlamentarismus und berufsständische Verfassungsreform", *Preussische Jahrbücher*, Oktober 1925 および Carl Landauer の前出の批判的論述。――現代経済の問題に当面する議会の特別の困難については、

Göppert, *Staat und Wirtschaft*, Tübingen 1924.]

第一章

(1) これについては、近ごろすぐれた仕事である Kathleen Murray, *Taine und die englische Romantik*, München und Leipzig 1924 がある。

(2) *The Clarke Papers*, edited by C. H. Firth, vol. II (Camden Society, MDCCCXCIV), pp. 257–58.

[(3) 民主主義のこの逆説についてきわめて教えるところ多いものとして、L. Stein, *Die socialistischen und communistischen Bewegungen seit der dritten französischen Revolution*, 1848, Anhang, S. 25–26.]

(4) Ch. Maurras, *L'avenir de l'intelligence*, 2. éd., 1905, p. 98.

[(5) この点について、Carl Schmitt, *Die Kernfrage des Völkerbundes*, Berlin 1926.]

(6) *Politische Theologie; vier Kapitel zur Lehre von der Souveränität*, München und Leipzig 1922.〔長尾龍一訳「政治神学」『カール・シュミット著作集I』慈学社〕

第二章

(1) Egon Zweig, *Die Lehre vom pouvoir constituant*, Tübingen 1909, passim.

(2) "Die Verschiebung der konstitutionellen Ordnung durch Verhältniswahl", *Festgabe der Bon-*

ner Juristischen Fakultät für Karl Bergbohm zum 70. Geburtstag, Bonn 1919, S. 278; "Die politische Gewalt im Verfassungsstaat und das Problem der Staatsform", *Festgabe der Berliner juristischen Fakultät für Wilhelm Kahl zum Doktorjubiläum am 19. April 1923*, Tübingen 1923, S. 22.

[（3） 特徴的な叙述のなかで、ここではつぎのものをあげておこう。Esmein, *Éléments de droit constitutionnel français et comparé*, 5. éd., 1909, p. 274:「なぜなら、代表制（régime représentatif）（このことばで、かれは議会主義（Parlamentarismus）を考えている）は、本質的に、討議と自由な討論の制度である」。さらに、同じ書物の第七版 Esmein-Nézard, 1921, t. I, p. 448. かれは、現代の議会主義憲法のすべての制度を説明して、かような統治制度は立法議会の「決定と討論との完全な自由を前提とする」、と述べる。またさらに、H. Laski, *The foundations of Sovereignty*, New York 1921, p. 36.「代表制における統治の基本的仮設は、それが討論による統治（government by discussion）だということである」。同書（p. 35）の註をも参照。]

（4） Guizot, *Histoire des origines du gouvernment représentatif en Europe*. Bruxelles 1851, t. II, pp. 10-11. この書物は、ギゾーが一八二〇年以来行ない、折にふれ作り直してきたところの講義からなっている。それは、一人の高名な学者、一人の経験ある政治家、一人の貴人が一八一四年から一八四八年までのあいだ観察し、考察したところのことの結果である。ギゾーは、その序言（一八五一年五月の日付がある）のなかで、アングロサクソン的精神にみちたかれの議会主義理論を「私の生活をみたした信念と希望であり、最近まで、われわれの時代の信念と希望でもあったもの」、とよんでいる。[典型としてのギゾーの意義は、Krabbe, *Die moderne Staats-Idee*, Haag 1919, S. 178 において、的確に認識されている。] 本文でふれたギゾーの叙述は典型としての意味をもつので[委曲をつくした総括なので]、それを全文のまま引用しておこう。「絶対的権力の正統性を決して承認しないこの制度の性質こそ、すべての市民をして、たえず、どんな場合にも、事実上の権力を規律すべき真理と理性と正義を追究するようにしむけるのである。それはまさに、代表制が、㈠諸権力をして共同で真理を追究するようにしむける討論によって、㈡真理の追究を行なっている諸権力を市民の監視下におく公開性によって、㈢市民自身をして、真理を追究し、それを権力に向かって発言するよううながす出版の自由によって、なすところのことである」。「代表制」ということばにおいて、代表とは、(理性ある)国民の議会における代表を意味する。[代表制と議会主義との等置は、一九世紀の混迷の特徴をよく表わしている。] 代表の概念は、まだ決して一般に自覚されてはいない、深刻な問題性をもっている。この論文の関心からすれば、議会主義について論ずるだけ[にし、代表の真の概念の特殊な特性を簡単に示唆しておくだけ]で足りる。[代表は、本来的に(もともと私法上の性質のものである代理、委任、授権等々とはちがって)、公的性格の領域に属し、被代表者にあっても代表者にあっても、またそれに対して代表されるところの者にあっても(利益の代理や事務管理とはちがって)、人格の尊厳を必要とする。まったく明確な典型的事例をあげるならば、一八世紀において、君主は、その使節(貴族でなければならなかった)によって他の君主に対して代表されたのであり、それにくらべ、経済的およびその他の業務は「代理人」によって代理されたのであった。絶対君主に対する議会の闘争において、議会は（包括的な統一体として観念された）国民の代表としてあらわれた。国民が被代表者になったところでは、国王は、自己の尊厳を、（一七九一年フランス憲法におけるように）国民の代表者としてのみ維持することができた。絶対君主が自己の地位を主張したところでは、かれは、国民代表の可能性ないし許容性に異論をとなえざるをえず、それゆえに、議会を等族の利益代表にしようとした（一八一五―四八年のドイツはそうであった）。普通、選挙民の命令的委任から独立した「自由な」議会が特殊の意味で「代表」議会とよばれるが、それは、実際に重要なひとつの事柄を強調することによって説明がつく。実際、選挙民が全国民、ナツィオーンではないがために、全国民の代表者としての議会は、選挙民から独立なのである。人格の概念をもはや観念することができず非人格的に思惟するようになってはじめて、だんだんに、すなわち一九世紀の経過のなかで、そのときどきに選挙しあるいは投票する市民の総体（あるいはその多数）を国民あるいはナツィオーンという上位の全体人格と混同し、国民代表および代表一般に対する感覚を失ったのであった。一八一五―四八年のドイツで演じられた代表をめぐる闘争においてすでに、混乱はなんともいいようのないほどであり、議会が国民を国王に対して代表すべきである（すなわち、国家の内部で国王と国民という二つの被代表者が存在する）のか、それとも、議会が国王とならんでナツィオーンの代表者である（フランスの一七九一年憲法におけるように、二つの代表者が存在する）のか、ほとんど識別することができない。一七八九年のフランス国民議会や「代表憲法」のためのドイツの闘争についての歴史叙述は、代表のごとき基本的な概念の誤解をおかしている。このことは、それ以外の点ではきわめて価値あり功績のある書物、Karl Löwenstein,

Volk und Parlament nach der Staatstheorie der französischen Nationalversammlung von 1789, München 1922 についてもあてはまる。一八一五—四八年のドイツの文献における代表の概念については、Emil Gerber による一九二六年のボン大学学位論文を参照。]

(5) *Staatsrecht, Völkerrecht und Politik: Monographien*, Tübingen 1860, Bd. I, S. 5.

(6) *Die moderne Demokratie*, Jena 1912, Neudruck 1921; *Die parlamentarische Kabinettsregierung*, Stuttgart 1919 および論文 “Gewaltentrennung, Gewaltenteilung, und gemischte Staatsform”, *Vierteljahrsschrift für soziale und Wirtschaftsgeschichte*, XIII, 1916, S. 562.

(7) *Kritik der öffentlichen Meinung*, Berlin 1922, S. 100.

(8) より詳細は、私の書物 *Diktatur*, München und Leipzig 1921, S. 14 ff.［さらに Meinecke, *Die Idee des Staatsräson in der neueren Geschichte*, München und Berlin 1924, それに対する *Archiv für Sozialwissenschaft und Sozialpolitik*, Bd. 56, Heft I 上での私の批評。]

(9) 憲法制定国民会議についての演説(一七九一年四月一日)、さらに、王制と共和制についての演説(同じく一七九一年、Oeuvres XI)。［印刷術に対する信念は、革命期の啓蒙主義の特徴的標識に属する。共和暦一年の論説(*Citateur Républicain*, Paris 1834, S. 97. による引用)は、その効果をつぎのように数えあげている。あらゆる不自由、あらゆる悪徳、普遍的幸福に対するあらゆる阻害が消滅するだろうし、戦争は終わり、戦争にかわって富と潤沢と徳があらわれる——これが印刷術の恩恵である、と。]

(10) Erich Kaufmann, *Kritik der neukantischen Rechtsphilosophie*, Tübingen 1921, S. 60-61.

（11） *On Liberty of the Press and Public Discussion*, 1821 による。

（12） ルソーは、一般意思の中における諸利益の均衡について論じている。『社会契約論』（桑原武夫・前川貞次郎訳、岩波文庫）、第二篇第九章第四項、第二篇第一一章注、第四篇第四章第二五項、第四篇第五章、とくに第一篇第八章第二項、第二篇第六章第一〇項、第三篇第八章第一〇項を参照。

（13） 私の書物 *Diktatur*, S. 149.

（14） 一五七九年のエディンバラ版、S. 115–116.

（15） *De jure, belli ac pacis*, 1. I c. III § 6.（一六三一年のアムステルダム版を用いた）。グロティウスも、個別的事実を否定的に評価するために、数学との比較をもちいる。

（16） 今でもなお完全に生きているロックの実践的時局性について、Erich Kaufmann, *Untersuchungsausschuss und Staatsgerichtshof*, Berlin 1920, S. 25 f. における検討は、実質的法律概念にとってそれがもつ意味からしてもとりあげられなければならないみごとな例である。

（17） John Neville Figgis, *The divine right of Kings*, 2nd ed., Cambridge 1914.

[（18） John Marshall のこの言葉は、James Beck のアメリカ憲法に関する書物の第一六章の題辞として引用されている。ドイツ版は Alfred Friedmann, Berlin 1926.]

（19） *Politische Theologie*, S. 4 ff.〔「政治神学」〕

（20） *Leviathan*, Chap. XXVI. (English ed. 1651) p. 137.〔『リヴァイアサン』水田洋訳、岩波文庫〕

（21） *Dissertation on parties*, letter X.

（22）このことについての非常に興味ぶかい検討として、Joseph Barthélemy, *Le rôle du pouvoir exécutif dans les républiques modernes*, Paris 1906, p. 489. 上に引用したコンドルセのことばは、ジロンド憲法についてのかれの報告のなかに見いだされる。"Rapport sur le projet girondin", *Archives parlementaires*, LVIII, p. 583.（バルテルミによって引用されている）。

（23）第七篇第二節第四条(Duguit-Monnier, p. 52)。デクレの標識は法律とちがい、「地方的または個別的適用であり、一定の時期にその更新が必要だということ」にある。一七九三年六月二一日憲法第五四条および五五条は、規律される事項にもとづく法律概念を定めている。

（24）*Enzyklopädie*, § 544.

（25）*Irrtum und Rechtsgeschäft*, S. 201 ff.

（26）Hamilton in Nr. LXX vom 18. 3. 1788.［モンテスキュー『法の精神』(XI, 6)〔野田良之他訳、岩波文庫〕もまた、執行権は、即座の行動に関するのであるから唯一人の手中になければならず、それに対して立法権は、一人よりも複数の者によって所持されるほうが「しばしばよりよい」と、慎重に述べている。国民代表について、モンテスキューは、特徴的な指摘をしており、それによれば、代表者の大きな長所は「かれらが事案を討論することができるということである。人民は決してそれに適しておらず、そのことは、民主制の大きな短所のひとつをなす」のである。協議および思考としての立法を行動としての執行から区別することは、シイエスにおいても行なわれる(*Politische Schriften*, Deutsche Ausgabe, 1796, II. S. 384.)。］

（27）理神論が神を世界外的な権威として保持するということは、均衡の観念にとっては大きな意味をもっている。第三者が均衡を保っているのか、それとも、釣合いの重さによって均衡がおのずから生ずるのか、ということは相違がある。前者の考えかたの典型は(そしてボーリングブルックの均衡理論にとって重要なのは)、一七〇一年のスウィフトの言葉である。すなわち、「「権力均衡」は三つのことがらを必要とする。第一に、保持されている部分――それを保持している手とともに――があり、つぎに、そこで重さを量られるべきものの載った二つの秤皿である」と(私はこの引用を指摘するにつき Eduard Rosenbaum 博士に負うている。*Weltwirtschaftliches Archiv*, Bd. 18, Oktober 1922, S. 423.)。

(28) *Oeuvres*, XIII, p. 18.

(29) *Rechtsphilosophie*, § 301, 314, 315. 本文のつづきの引用は、§ 315, 316 の補遺である。

(30) Mohl, *Enzyklopädie der Staatswissenschaften*, 2. Aufl., Tübingen 1872, S. 655.

(31) Bluntschli の *Staatswörterbuch* 中の論文 "Politische Parteien." ロレンツ・フォン・シュタインについては、私の *Politische Theologie*, S. 53.〔「政治神学」〕を参照。〔ドイツ自由主義の特徴である、このような政党の説明は、Meinecke, *Idee der Staatsräson*, S. 525. にもみられる。〕

(32) *Allgemeines Staatsrecht*, Bd. I, München 1868, S. 488.〔――Adolf Neumann-Hofer の論文 "Die Wirksamkeit der Kommissionen in den Parlamenten", *Zeitschr. f. Politik*, Bd. 4 (1911), S. 51 ff. は、議会主義の原理に対する古きよき理解と、近時の誤解とが、興味ある結びつきをしたものである。この論文は、公開の本会議では通例、もはや討論がなされないということから出発するが、委員会を「討論クラブ」にして討論をすくうことができると信じている(S. 64-65)。そこには討論の概念の誤解があり、そのことについては、本書の一三二頁以下を参照。]

(33) Eugene Forcade, *Études historiques*, Paris 1853.(ラマルティーヌの一八四八年革命史への批評——一八四九年執筆)。[ラマルティーヌ自身、まさに、かれが力と暴力に対置させた討論への信念の、一例である。理性的統治についてのかれの著作(一八三一年)や、一八四八年の *Le passé, le présent et l'avenir de la République* は、そのような信念によってまったく充たされている。それどころかかれは、新聞よ、朝日がのぼるようにあらわれよ、光よひろがれ、と説いた。とりわけ、ヴィクトル・ユーゴーがかれの有名な著作『小ナポレオン』(*Napoléon le Petit*)のなかで、「演壇《トリビューン》」を讃美してえがいているのは、きわめて特徴的であり、最も重要な意味をもった徴候であった。討論への信念が、この時代を特徴づける。それゆえに、オーリウ(*Précis de droit constitutionnel*, Paris 1923)は、議会主義の時代を討論の時代(l'âge de la discussion)(p. 198, 201. およびその他の箇所)として特徴づけることができた。また、イヴ・ギヨーのような断乎たる自由主義者が、かれの書物 *Politique parlementaire et politique atavique*, Paris 1924 の標題ですでに、討論にもとづく議会主義的政府(かれにとっては、これは自明のごとくに討論による統治 gouvernement de discussion である)と、討論をしないすべての政治の「隔世遺伝」とを対置している。かようにして、議会主義は、自由および文化一般と同一視され、L. Gumplowicz, *Soziologie und Politik*, Leipzig 1892, S. 116 は、この概念を全面的に拡張して、「アジア文化の特徴と標識は専制主義であり、ヨーロッパ文化のそれは議会主義的政府である」と書いている。]

第三章

（1）「哲学は、一九世紀におけるこの同盟のさいに――かつての教会との同盟のさいと同様に――ささやかな役割しかはたさなかった。哲学がこの同盟をそれほど早くは放棄できないだろうけれども」。H. Pichler, *Zur Philosophie der Geschichte*, Tübingen 1922, S. 16.

〔（2）これは、決して単なる言いまわしではない。ひとつの社会において社会的な無が可能だとしたら、それはとりもなおさず、いかなる社会的秩序も存続できぬことを意味する。そのような真空を包含するような秩序というものは、存在しえない。〕

第四章

（1）第四版(Paris 1919)によって引用。最初の発表は一九〇六年 *Mouvement socialiste* 誌上。

〔（2）ドイツでは、ソレルは、今日〔一九二六年〕でもほとんど知られていない。近年、数多くの著作がドイツ語に翻訳されたが、ソレルは、おそらく〔ドイツの精神界を特色づける〕「永遠の対話」のゆえに、無視された。Wyndham Lewis, *The art of being ruled*, London 1926(S. 128)が、「ジョルジュ・ソレルは、今日のあらゆる政治思想にとっての鍵だ」と述べているのは、まったく正しい。〕

（3）*Politische Theologie*, S. 45.〔「政治神学」〕

（4）Bakunin, *Oeuvres*, t. IV, Paris 1910, p. 428（一八七二年のマルクスとの論争）, II, pp. 34, 42.（新

たな欺瞞としての人民投票)。

(5) Fritz Brupbacher, *Marx und Bakunin, ein Beitrag zur Geschichte der Internationalen Arbeiterassoziation*, S. 74 ff.

(6) 「根源的な否定か至高の肯定かを選ぶ日が来た」: *Obras*, IV, p. 155.(カトリシズム、自由主義および社会主義についてのエッセイ)。

〔(7) 私は、「西ヨーロッパ文化圏の内部における二人の本来的な敵対者」、とつけくわえなければならない。プルードンは、まだ完全に、従来的なモラルの伝統のなかにあった。かれの理想は、はっきりと家父権(patria potestas)にもとづく一夫一婦的家族であり、それは、徹底した無政府主義とは矛盾するものである。この点については、*Politische Theologie*, 1922, S. 55.〔「政治神学」〕を参照。ロシア人たち、とりわけバクーニンとともにはじめて、西ヨーロッパ文化のあらゆる伝統的な観念の本来的な敵があらわれる。プルードンとG・ソレルは、――この点で、私はウィンダム・ルイス(a. a. O., S. 360)を正当だと考えるが――両者ともまだ「ローマ人」であり、ロシア人のような無政府主義者ではけっしてない。ルイスが同様に真正の無政府主義者だとしているルソーも、私には明瞭な事例だとは思われない。なぜなら、ルソーはロマン主義であり、国家や家族のような問題に対するかれの関係はそれゆえロマン的な機会原因論の例としてのみ判断すべきものだからである。〕

(8) *Matériaux d'une théorie du prolétariat*, Paris 1919, p. 53.

(9) ソレルがベルクソンに依拠しているということから、ソレルを非難することはできないであろう。かれは、具体的な生の哲学を、かれの、反政治的なるものすなわち反主知的なるものの政治理論の基礎においたのであり、またそのような哲学は、ヘーゲル主義と同様、具体的な生のなかで、さまざまの適用可能性を示しているのである。フランスにおいてベルクソン哲学は、保守的伝統・カトリシズムへの復帰にも、また、急進的・無神論的無政府主義にも、同時に役だった。このことは、けっして、内面的不実性のしるしではない。ヘーゲル右派とヘーゲル左派の対立のなかに、この現象は、興味ある類比をもっている。哲学がなまなましい対立に生気を与え、闘争しつつある敵対者たちを生きた敵として共通項に分類するとき、そのような哲学は、それ自体現実的な生命をもつ、といえるであろう。この観点からするとき、議会主義の敵対者だけが、ベルクソン哲学からそのような鼓舞をくみ出した、ということは注意されるべきことである。それとは反対に、一九世紀中葉のドイツ自由主義は、生の観念をまさに議会主義的・立憲的制度のため利用し、議会のなかに、社会的生の対立の生き生きした担い手を見てとったのである(前出第二章参照)。

(10)　第三インタナショナル第四回世界大会における、フリーメイスン運動についてのトロツキーの発言(一九二二年一二月一日)。

議会主義と現代の大衆民主主義との対立（一九二六年）

第一章　議会主義

議会主義について一九二三年夏に公刊された著述のなかで、私は、討論と公開性を、議会という制度がその精神的基礎をおく原理としたのであった。議会主義の危機ということが大いに論議されているが、それは、思想史的に考察すれば、今日、現代大衆民主主義の発展の結果、そのような原理への信念が失われてしまった、ということにもとづいている。政治的自由主義の巨匠やヨーロッパ大陸の議会主義の闘士たちは、公開の討論のなかに、政治的腐敗に対する救済手段だけでなく、議会の道徳的価値と卓越さを確かなものとして見てとっていた。そのような信念の典型的な代表者は、ルイ・フィリップ時代の典型的な自由主義者であるギゾーである。かれにとって議会とは、議論と反論による公開の討論のなかに真理と正しさとが最も確実に見いだされる場所である。この信念が崩壊し、公開の討論はうつろな定式と化し、あらゆる重要な問題の決定が狭い範囲の委員会の秘密の会議のなかで行なわれるとき、議会主義の精神的基礎もまた崩壊したのである。

右のような命題に反対して、政治的な考慮だけによって動かされたのではない実質的な異論が提起されているのであるが――『社会科学及び社会政策雑誌』(*Archiv für Sozialwissenschaft und Sozialpolitik*, 1924, Bd. 53, S. 212 ff.)中のリヒャルト・トーマによる詳細で意味するところ多い批判はそれである――、その異論は、私が討論と公開性を議会主義の二つの本質的原理としたのは、まったく過去のものとなってしまった思考過程のなかに議会主義の精神的基礎を見いだすものだ、というところにある。すなわち、そのようなものは何世代か前には支配的な考えかたであったろうが、今日ではずいぶん前から議会はまったく別の基礎のうえに存立しているのだ、と言うのである。公開性と討論への信念が今日では過去のものに見えるということは、私の懸念でもある。それゆえ、問題はただ、議会に新しい精神的基礎を与える新しい議論や確信がいかなる種類のものなのか、ということなのである。人間の制度も思想も、当然のことながら、発展の経過のなかで変わってくる。しかし私は、討論と公開性という原理が実際に崩壊するとき、なお、現代の議会主義がひとつの新しい原理を見出すことができ、その際に議会の真理と正しさが依然として明らかになろうなどとは考えない。あらゆる重要な制度がそうであるように、議会もまた、特別の固有の理念を前提としてもっている。それを知ろうとするものは、バークやベンサムやギゾーやジョン・スチュアート・ミルにさかのぼることが必要であろう。さらに、かれらののち、およそ一八四八年以来、なるほど数多くの実際的な考察は提出されてきたが、新しい原理的な議論は提出されてこなかった、ということを確認せざるをえないであろう。もとより、前世紀にはそのことはほとんど気づかれなかった。というのは、議会主義は、前進する民主主義と密接に結びついて同時に前進しており、両者は明確には区別されていなかったからである。(1) しかし今日では、これらに共通の勝利ののち、対立が明らかとなり、自由主義的議会主義的な理念と大衆民主主義的な理念との差異は、長く気づかれないままではありえなくなっている。それゆえにわれわれは、トーマの表現によるとあの「かびの生えた」存在の研究に、意を用いなければならなくなる。けだし、かの存在についての思考過程からのみ、議会主義の特殊性が認識されうるのであり、そこにおいてのみ、議会は、直接民主主義の帰結に対してもボルシェヴィズムとファシズムに対しても精神的な優位を保持しうる、独自の基礎をもった制度としての特質をもつからである。今日の議会主義的活動が他のものとくらべてより小さな悪であるということ、ともかくボルシェヴィズムや独裁よりはよいものであろうということ、それを排除したとするならば予想もできぬ帰結が生ずるだろうということ、それは「社会技術的」に言ってひとつの完全に実用的な物であること、これらすべては、興味深く、部分的には正しい考察でもある。しかし、これらはすべて、特殊の性質をもったひとつの制度の精神的基礎ではない。議会主義は、今日、統治の方法、政治の制度として存続している。存続し我慢できるほどに機能しているすべてのものがそうであるように、それは有用ではあるが、それ以上でもないしそれ以下でもない。実証を経ていない他の方法よりは今のようにするほうがずっとうまくゆき、軽率な実験によって、今日ともかくも実際に存在している最小限の秩序が危うくされるだろう、と主張すべき理由は多い。この種の考慮を、分別ある人間ならだれでも、完全に承認するだろう。しかしそれは、原理的な関心の領域での問題ではない。おそらくだれでも、精神的な基礎あるいは道徳的な真理を「ほかに何があるのだ?」ということでもって論証したと思うほど、求むるところ少ないわけではなかろう。

議会主義に特有な制度と規範はすべて、討論と公開性によってはじめて、その意味を獲得する。そのことは、議員が自分の選挙人や自分の党派から独立であるという、実際上はもうほとんど信じられていないにせよ憲法上は今日まだ公式に承認されている原則について、特にあてはまる。それは、議員の発言の自由や不可侵権、議会議事の公開性などについての規定にもあてはまる。これらの制度は、公開の討論という原理がなんらの信念をももはや見いだささないときには、理解不可能なものになる。ひとつの制度にあとから任意の他の原理を転属させ、その制度の従来の基礎が崩壊するときになんらかの代替の論拠をはめこむというわけにもいくまい。なるほど、同じ制度がさまざまの実用的目的につかえ、それゆえ、さまざまの実用的な正当化を受けることはありうる。「目的の異種発生」、実用上の観点の意味の変遷、実用上の手段の機能変遷、ということはありうる。しかし、原理の異種発生ということはない。われわれがたとえばモンテスキューとともに、君主主義の原理は「名誉」であるということを承認するとき、この原理は、民主主義共和国には転属されえない。それは、公開の討論という原理のうえには君主主義は基礎づけられえないのと同様である。なるほど、原理の特殊性についての感覚は消滅し、際限のない転属性が可能とされているように見える。最初に言及したトーマの批評のなかで、かれが私にむけたすべての異論の基本的思想は、本来、そのことなのである。しかし、残念ながらかれは、それならば数多いという議会主義の新しい原理がそもそもどういうものなのか、まったく明らかにしていない。かれはわずかのことばの短い言及で「一九一七年以来のマックス・ヴェーバー、フーゴー・プロイスおよびフリートリヒ・ナウマンの著作と演説」をあげることで満足している。帝政の統治制度に対抗して戦ったこれらドイツの民主主義者にとって、議会主義とは何を意味していたのか？　本質的に、そして高々、政治的な指導者選択の手段を意味し、政治的なディレッタンティズムをしりぞけ、最良のものたち、最も有能なものたちを政治的指導者層につかせる確実な方途を、意味していた。議会が政治的エリートを形成する能力を実際にもっているかどうかは、きわめて疑わしくなった。今日世人はおそらく、この選択機構について、もはやそれほど希望をもたないであろう。多くの人びとには、そのような希望はすでに過去のものと見えるだろうし、トーマがギゾーに対して使う「幻想」ということばは、容易に、前述のドイツの民主主義者たちにも適中するであろう。さまざまのヨーロッパおよびヨーロッパ以外の国家の数多くの議会が何百人もの大臣を政治的エリートとしてたえず生み出しているとは言っても、決して大きな楽観を正当化するものではない。しかし、もっと困ったこと、かの期待にとってはほとんど壊滅的なことがある。多くの国で、議会主義の結果として、すでにあらゆる公的事項が党派とその従属者の獲物と妥協の対象に変わってしまい、政治エリートの仕事であるどころか、かなりに軽侮された階級の人びとのかなりに軽侮された事業になってしまっていることである。

にもかかわらず、上に述べたことは、原理的な考察にとっては、決定的ではない。議会主義が最良の政治的指導者選択を保障すると考えるものは、いずれにしても、今日では、たいていは、その確信を思想的な信念としてではなくて、イギリスのモデルにならって構成され、ヨーロッパ大陸で試用されるべき実用的技術的な仮設——それは実績をあげなければ直ちに、当然のこととして放棄されることになる——としてもっているのである。この確信が討論と公開性への信念と結びつくこともありうるし、その際、それは議会主義の原理的論証の要素となる。議会は、ともかくも公開の討論がまじめにうけとられ、かつ貫徹されるかぎりにおいてのみ、「真理」である。しかしここでは「討論」は特別の意味をもち、単純に商議を意味するのではない。ありうべきすべての種類の商議や交渉を議会主義とよび、他のすべてを独裁あるいは権力支配とよぶ人は——M・J・ボンがその『ヨーロッパ民主主義の危機』のなかで、またR・トーマが前述のかれの論評のなかでしていることだが——、本来の問題を避けている。あらゆる大使の会議、あらゆる派遣委員の集会で、またあらゆる幹部会で、商議がなされる。それは、絶対君主の官房のあいだで、等族身分の組織のあいだで、キリスト教徒とトルコ人のあいだで、商議がなされたのと同様である。そこからはまだ、近代議会の制度はあらわれてこない。概念を解体すべきではなく、討論の特殊性を無視すべきではない。討論とは、合理的な議論でもって相手に真理と正しさを説得し、さもなければ真理と正しさを自分が説得されるという目的によって支配されるような、意見の交換を意味する。ゲンツは——ここでもまた自由主義者バークに教えられてであるが——、そのことを適切に定式化した。それによれば、あらゆる代表制憲法(かれは、身分代表と区別して近代議会を考える)の特徴は、法律が意見の闘争から(利害の闘争からではなく)生ずるということである。討論には、前提としての共通の確信、よろこんで自ら説得される覚悟、党派の拘束からの独立、利己的な利害にとらわれないこと、が必要である。今日では、たいていの人びとは、かような公平無私さを可能だとはほとんど見ないだろう。かような懐疑もまた、議会主義の危機の要素である。上述した、公式にはまだ妥当している議会主義的憲法の諸規定からは、すべての本来的な議会主義の制度は討論というこの特殊な概念を前提としていることが、あきらかに認識される。たとえばあらゆる議員は、党派の代表ではなく全国民の代表であり、いかなる訓令にも拘束されないという、いたるところで繰り返される命題（ワイマール憲法もその第二一条にそれをとりいれた）、典型的に繰り返される演説の自由の保障、および、会議の公開性について規定は、討論ということが正しく理解されてはじめて、意味あるものとなる。それに反し、合理的正しさを見いだすのではなく、利益と営利のチャンスを考量し追求し、また、自分の利益を可能なかぎり主張しようとする商議は、当然のことながら、多くの発言や論議を伴いはするが、すぐれた意味では討論ではない。競争の闘争ののち合意に達する二人の商人は、双方の経済的可能性について話し、どちらも当然自分の利益をはかろうとし、そのようにしてひとつの取引上の妥協に達する。公開性は、真の討論にあっては至当であるけれども、この種の商議にあっては不適当である。商議と妥協は、すでに述べたとおり、世界史のいたるところで存在した。人間は、たたかうより契約をむすぶほうがたいていは利益になり、大きな訴訟より貧しい和解のほうがましだ、ということを知っている。それは疑いなく正しいが、特殊の種類の国家形態あるいは統治形態の原理ではない。

議会主義の状況は、今日、きわめて危機的であり、それは、現代大衆民主主義の発展が、論拠にもとづく公開の討論を空虚な形式にしてしまったからである。今日の議会法の多くの規範、とりわけ、議員の独立性や会議の公開性についての規定は、したがって、余計な装飾のように、無用で、それどころか痛々しいものになっており、あたかも、焔々と燃える火の錯覚を思いうかべるために、最新式の中央暖房装置の放熱器にだれかが赤い炎を描いたようなものである。政党(それは成文憲法の条文からすれば公式にはまったく存在していないのだが)は、今日ではもはや討論する意見としてではなく、社会的あるいは経済的な勢力集団として対抗しあい、おたがいの利害と権力可能性を計算し、そのような事実的な基礎のうえに妥協と提携をとりむすぶ。大衆は宣伝機構によって獲得されるが、その最大の効果は、手近な利害と激情へのよびかけにもとづくのである。真の討論にとって特徴的である本来の意味での議論は消滅する。それにかわって、政党間の商議においては、利害と権力チャンスの目的意識的な計算があらわれ、大衆の操作においては、広告による印象的な暗示、あるいは――ウォルター・リップマンが、きわめてするどい、だがあまりに心理学的なものにこだわっているアメリカ的な書物である『世論』(*Public Opinion*, London 1922, 掛川トミ子訳、岩波文庫)のなかで述べている言葉を用いれば――「象徴」が、あらわれる(2)。世論の心理学、技術および批判についての著述は、今日では非常に多い(3)。それゆえ、今日ではもはや相手に正しさと真理を説得することではなくて、多数を獲得しそれによって支配することが問題なのだ、ということが、おそらく周知のこととして前提されうるであろう。絶対主義の大臣は命令し、立憲主義の大臣は服従すべき者を説得する、ということは、カヴールが絶対主義と立憲体制の大きな差異としてあげたところであるが、今日ではその意味を失わざるをえない。カヴールは、「私は(立憲主義の大臣として)自分が正しいということを確信している」、と明言している。そして、そのような連関においてはじめて、かれは、あの有名なことばを述べるのである——「最悪の議院(chambre)といえども、最良の控えの間(antichambre)にまさる」。今日ではむしろ議会自身が、目に見えぬ権力保持者の官房あるいは委員会の前の、巨大な控えの間となっている。「議会では思想がぶつかりあい、思想のふれあいが火花を散らし、明証へとみちびく」という文章をベンサムから引用するのは、今日では皮肉としてひびく。プレヴォ＝パラドルがナポレオン三世の「個人体制」に反対して、議会主義の価値をつぎのことのうちに認めていた時代を、もはやだれが想起するであろうか。それによれば議会主義は、実際の権力が移動するごとに権力の実際の保持者をして、たえず公然とたちあらわれることを余儀なくさせ、それゆえに、外観と現実との「驚くほどの」一致のなかで、政府はつねに最強の権力を意味していたはずであった。この種の公開性を、今なおだれが信じているであろうか？　また、偉大な「演壇」としての議会を、今なおだれが信じているであろうか？

バーク、ベンサム、ギゾーおよびジョン・スチュアート・ミルによる論証は、それゆえ、今日では過去のものになってしまった。今日なお英米やフランスの著作のなかに見いだされるが、ドイツではあまり知られていないように見える議会主義の数多くの定義――その定義においては、議会主義が本質的には討論による統治(government by discussion)としてあらわれる――もまた、したがって、「かびの生えた」ものとされざるをえないであろう。よろしい。それでも依然としてなお議会主義を信ずるのならば、少なくとも、新しい論拠を提出しなければならぬであろう。フリートリヒ・ナウマン、フーゴー・プロイスおよびマックス・ヴェーバーに言及するだけではもはや十分ではない。これらの人びとにいかに敬意をはらおうとも、今日ではだれも、議会によって政治的エリートの形成がただちに保障されるはずだというかれらの期待を分け合いはしないだろう。かような確信は今日では事実のうえでゆさぶられ、討論と公開性への信念と結びついているかぎりにおいてのみ、理念的な信念として存続しうるにすぎない。最近の数十年間に議会主義の新しい正当化について示されていることは、結局はいつも、今日議会は有用でしかも不可欠な社会的政治的技術用具としてうまく、あるいは少なくともなんとか機能している、ということを述べているに過ぎない。くりかえして断言するが、それは、まったくもっともな考え方である。しかし、われわれは、より深い基礎づけにも関心をもたざるをえないであろう。より深い基礎づけというのは、モンテスキューが国家形態あるいは政府形態の原理とよぶところのものであり、あれこれの重要な制度の本質に属する特殊の確信であり、かつては実際に存在したが今日ではもはや見いだされない、議会に対する信念である。

政治思想の歴史においては、偉大な衝動の時代と、没思想的な現状《スタトゥス・クオ》の無風の時期とがある。王制の原理すなわち名誉に対する感覚が失われてゆくとき、また、自己の尊厳と名誉のかわりに自己の有用性と必要性を示そうとするブルジョワ王制があらわれるときは、君主主義の時代は終わりにきているのである。君主主義的制度の外面的な装置は、その場合もなお長く存続することができる。にもかかわらず、君主主義の最期はきた。他のいかなる制度でもなく本来この制度の本質に属する確信は、そのとき、過去のものとなる。実用的な正当化にはことかかない。しかし、国王と実際上同じように、あるいはそれ以上に有用なものとして実証されるような人や組織があらわれ、そのような単なる事実によって君主制がしりぞけられるかどうか、ということは、事実の問題にすぎない。議会の「社会技術的」正当化についても事情は同様である。議会が自明の真理の制度から単に実用的技術的な手段になるとき、決して必ずしもむき出しの独裁によってでなくとも、なんらかのしかたにおいて、他のゆきかたがあることが事実上(via facti)示されさえすればよく、そうすれば、議会は片づけられてしまうのである。

第二章　民主主義

議会主義への信念、討論による統治(government by discussion)への信念は、自由主義の思想界に属する。それは民主主義に属するのではない。この両者、自由主義と民主主義が、たがいに区別されなければならず、そうすることによって、現代の大衆民主主義をつくりあげている異質の混成物が、認識されることになる。

あらゆる実質的な民主主義は、等しいものが等しくあつかわれるだけでなく、その不可避的な帰結として、等しからざるものが等しくあつかわれぬ、ということにもとづいている。それゆえ民主主義にとっては、必然的に、まずもって同質性が必要であり、ついで――その必要があれば――異質なるものの排除あるいは殲滅が必要である。この命題を明らかにするために、一言でいえば、現代民主主義の二つの違った例が想起されるべきである。ギリシア人を徹底的に国外移住させ国土を容赦なくトルコ化した、今日のトルコ――、および、望ましくない移民を移民立法によっておさえている、オーストラリアの社会である。民主主義の政治的な力は、無縁かつ等しからざるもの、同質性をおびやかすものを排除し遠ざけうる、というところに示されている。等しさという問題にあっては、抽象的・論理算術的な遊戯ではなく、等しさの実質が問題なのである。それは、一定の肉体的および道徳的資質のうちに、例えば、市民的徳性、つまりアレテー（ἀρετή）のうちに、見いだされうる。これこそ、古典的な「徳備える者の民主主義」Demokratie der virtus (vertu) である。一七世紀イギリスの教派信者たちの民主主義においては、それは、宗教的確信の一致のうえにもとづいている。一九世紀以来、それは、とりわけ、特定の国民への所属、国民としての同質性のうちにある。[4] 等しさは、それがひとつの実質をもち、それゆえ少なくとも等しくないことの可能性と危険性が存在するかぎりにおいてのみ、政治的に関心の対象となり価値あるものとなるのである。ひとつの社会があらゆる関係において自分に満足しており、その住民のだれもが同様に幸福な自足性を有し、だれもが他のだれとも肉体的、心理的、道徳的および経済的に類似しているので、同質性が異質性なしに存在している、というような牧歌的な場合の例も、いくつか存在するかもしれない。それは、原始的な農民民主主義や植民国家においては、暫時は可能でありえたかもしれない。それにしても、民主主義は――等しさにとっては、等しからざることもまた必要であるから――民主主義であるのをやめることなしに、国家によって支配されている住民の一部を排除しうるということ、それどころか、奴隷や、なんらかの形式で完全に、あるいは半ば権利をうばわれ、政治権力の行使から遠ざけられた人びと――かれらはそのさい、野蛮人、未開人、無神論者、貴族、あるいは反革命派とよばれるのだが――もまた、従来、一般に民主主義のもとで存在してきたということ、を言っておかなければならない。アテナイの都市民主主義においてもイギリスの世界帝国においても、領土のすべての住民が政治上同じ権利をもっているわけではない。イギリス世界帝国の四億の住民のうち三億以上は、イギリス市民ではない。イギリスの民主主義、「普通」選挙権あるいは投票権や「一般的」平等について語られるとき、イギリス民主主義におけるこれら数億の人びとは、アテナイの民主主義における奴隷と同様に、自明のこととして無視されているのである。現代の帝国主義は経済的技術的な発展に対応する新しい数多くの支配形態をつくり出し、それは、本国の内部で民主主義が発展してゆくにあわせて、ひろがってゆく。植民地、保護領、委任統治、干渉条約、および類似の従属の諸形態は、今日、異質な住民を国家市民にすることなしにかれらを支配し、かれらを民主主義的国家に従属させ、しかも同時にその国家から遠ざけておくことを、民主主義にとって可能にさせている。「植民地は国法上は外国であり、国際法上は国内だ」というあのみごとな定式の、政治上、国家理論上の意味はそれなのである。「世界的用語法」、すなわちアングロ・サクソンの世界的新聞の用語法――R・トーマはそれに服し、それどころか、それを国家理論上の定義にとって決定的なものとしてみとめているのだが――は、これらすべてのことを等閑に付している。それにとっては、普通平等選挙権が「全体の基礎」にされているような国家はどれでも、民主主義だということになるのだ。イギリスの世界帝国は、その住民すべての普通平等選挙権にもとづいているとでも言うのだろうか。それは、そのような基礎のうえには一週間たりとも存続できないであろうし、有色人種が圧倒的な多数決をもって白人を圧倒するであろう。そうなっていないにもかかわらず、イギリス世界帝国はひとつの民主主義である。フランスやその他の列強についても、事態は同様である。

普通平等の選挙・投票権は、道理上、等しいものの範囲内における実質的な等しさの結果にほかならず、そのような等しさをこえてすすむものではない。かような平等の権利は、同質性が存続しているところで、よき意味をもつ。しかし、「世界的用語法」が考えるような種類の普通選挙権というものは、それと違ったことを意味する。それは、成年に達した人間はだれでも、単に人間として、そのこと自体によって当然に、他のあらゆる人間と同権であるべきだ、ということである。これは、自由主義的な思想であって民主主義的な思想ではない。それは、実質的な平等と同質性の観念にもとづく、これまで存在している民主主義にかえて、人類民主主義をおく。この普遍的な人類民主主義は、今日、地上を決して支配していない。他の点を度外視しても、この地上が国家に分裂しており、しかもたいていは民族的に同質的な国家であって、それ自身の内部では国民的同質性の基礎のうえに民主主義を実現しようとしているが、その他の点では決してあらゆる人間を同権の市民として扱ってはいない、ということだけからしてもすでにそうである。(5) 最も民主主義的な国家――われわれはアメリカ合衆国のことを言っている――でさえ、その権力や富に外国人を参与させるどころではない。外国人という概念を知らず、すべての人の平等を実現した民主主義は、これまで存在したことがない。人類民主主義を真面目に受けとり、実際にあらゆる人間を他の人間と政治的に同じ地位におこうとするのならば、それは、あらゆる人間が出生あるいは年齢だけによってただちに享受するような平等となるであろう。そうすることによって、平等から、その価値と実質をうばうことになってしまおう。なぜなら、平等が政治的平等、経済的平等など、要するに特定領域の平等としてもっていた特殊の意味をそれからとりあげることになるからである。あらゆる領域は、それに特殊な平等と不平等をもっている。かようにして、個々の人間それぞれの人間的尊厳を軽侮することがきわめて不正であるとしたら、さまざまの領域の特殊な個性を認めないことは、最悪の没形式性に、それゆえより悪しき不正に導いてゆく無責任な愚行であろう。政治的なるものの領域では、人間は、抽象的に人間としてではなく、政治的に利害をもち政治的に規定づけられた人間として、すなわち、国民、治者あるいは被治者、政治的な味方あるいは敵対者として、それゆえいずれにしても政治的範疇において、対立しあうのである。政治的なるものの領域では、政治的なるものを捨象し、一般的な人間の平等のみを残すことはできない。それは、経済的なるものの領域では人間が単にそれとしてではなく、生産者・消費者などとして、すなわち、特殊経済的な範疇においてのみとらえられるのと同様である。

絶対的な人間の平等とは、それゆえに、危険をおかすことなく自明であるような平等であり、不平等という必然的な相関概念をもたぬ平等であり、したがって概念上も実際上も空虚な、どうでもよい平等である。ところで、上述のように地上のさまざまな国家が自国の市民を他の人間から政治的に区別しており、政治的に従属してはいるがなんらかの理由から望ましくない住民を、国際法上の帰属と国法上の外国人扱いとを結びあわせることによって、遠ざけることができるかぎり、なるほどどこにも、そのような絶対的な平等というものは存在しない。それに反し、少なくとも、さまざまの近代民主主義国家の内部では普遍的な人間の平等が貫徹されているようであり、それは、なるほど、外国人・無国籍者は自明のごとく排除されているからしてすべての人間の絶対的な平等ではないが、国籍を有するものの範囲内では相対的にみて広汎な人間の平等であるようにみえる。しかし、この場合には国民としての同質性がたいていことさらつよく強調されており、国家内部における相対的に普遍的な人間の平等は、国家に所属せず国家の外部にとどまっているすべての人間が決定的に排除されていることによってふたたび帳消しにされる、ということに注意すべきである。そうでないところ、すなわち、国家が国民的あるいはその他の種類の同質性を顧慮することなしに、政治的領域のうえに普遍的な人間の平等を貫徹しようとするところでは、国家は、政治的平等を絶対的な人類の平等に近づければそれだけ政治的平等の価値を下落させる、という結果をまぬかれることができないであろう。そして、それだけではない。同様に、そうすればそれだけ、その領域そのもの、すなわち政治そのものの価値が下落し、どうでもよいものになってしまうであろう。政治的平等からその実質をうばい、それを等しくされた個人にとって無価値なものにしてしまうだけでなく、政治もまた、かような没本質的な平等でもってその領域をまじめにあつかえばそれだけ、没本質的なものになってしまうであろう。没実質的な平等という方法でもってあつかわれる事項もまた、どうでもよいものになる。実質的な不平等は、決して、世界からも国家からも消滅せず、他の領域に、たとえば政治的領域から経済的領域へとひきさがり、その領域に、新しい、比較にならぬほどつよい、卓越した意味をあたえる。政治上の外見的平等のかたわらで、実質的な不平等が貫徹しているような別の領域、それゆえに今日では、たとえば経済的なるものが、政治を支配するにちがいない。これはまったく不可避であり、国家論的に考察すれば慨嘆されることが多い、国家と政治に対する経済的なるものの支配の、真の理由なのである。不平等という相関概念なしに考えられた、どうでもよい平等が人間生活のひとつの領域を事実上とらえているところでは、この領域自身もまたその実質を喪失して、他の領域の影に入ってしまい、そちらの領域では不平等が容赦ない力でもってつらぬかれるのである。

あらゆる人間の人間としての平等は、民主主義ではなくて、特定の種類の自由主義であり、国家形態ではなくて、個人主義的・人間的な道徳および世界観である。(6) 現代の大衆民主主義は、これらの両者の不明瞭な結合にもとづいている。詳細なルソー研究がなされているにもかかわらず、また、ルソーが現代民主主義の最初に位置しているという正しい認識にもかかわらず、『社会契約論』の国家の構成がすでに、これら二つの違った要因を不整合のままに並存させている、ということはまだ着目されていなかったようである。自由な契約による国家の合法性の基礎づけ、という門構えは自由主義的である。しかし、叙述がすすんでゆき、「一般意思」(volonté générale)という本質的な概念が展開されるところでは、ルソーによれば真の国家は、国民が同質であって本質的には全員一致が支配しているところでのみ存在する、ということが示されている。『社会契約論』に従えば、国家にはいかなる党派も、いかなる特殊利益も、いかなる宗教上の違いも、人びとを分裂させる何ものも、財政制度すら、存在してはならない。アルフレート・ウェーバー(7)やカール・ブリンクマン(8)のような著名な経済学者によって称讃された、この現代民主主義の哲学者は、まったくまじめに、財政は奴隷のためのもの、「奴隷のことば」(mot d'esclave)(第三篇第一五章第二節)だ、と言っている。そのさい、ルソーにとって、「奴隷」ということばは、民主主義的な国家構成のなかでそれに帰されるべきまったく重大な効果をもつ意味をになっている、ということが注意されるべきである。すなわち、そのことばは、国民に属さないもの、平等でないもの、市民(citoyen)でないもの——かれが抽象的に(in abstracto)「人間」であることは、かれにとってなんら役にたたない——、異質なるもの——かれは普遍的な同質性をわかちもたず、それゆえに、正当に排除されている——をさす。ルソーによれば、一致は、法律が討論なしに(sans discussion)成立するほどになっていなければならない。それどころか、裁判官と訴訟当事者は同じことを欲しなければならず(第二篇第四章第七節)、その際、両当事者のどちら——原告か被告か——がそれを欲するのかは、決して問題とされない。要するに、同一性にまで高まった同質性のなかで、すべては自明なのである。しかし、全員の合意と意思の一致が実際にそれほど大きいときに、なお契約が結ばれることが、否、そういう理論構成をとることさえなんのために必要なのだろうか? 実際、契約は、差異と対立とを前提としている。全員一致は「一般意思」と同じく、存在するか存在しないかであり、しかも、アルフレート・

ウェーバーが適切に見てとったように、自然的に存在するかしないかである。それが存続しているところでは、その自然性のゆえに、契約は無意味である。それが存続していないところでは、契約は役にたたない。万人の万人との自由な契約という思想は、対立する利害、差異および利己主義を前提とするまったく異なった思想界、すなわち自由主義から生ずる。それに反し、ルソーが構成したような「一般意思」は、同質性のうえにもとづいている。それのみが、首尾一貫した民主主義である。国家は、『社会契約論』に従えば、その標題と最初の部分の契約的構成にもかかわらず、契約ではなく、本質的には同質性にもとづいている。この同質性から、治者と被治者の民主主義的な同一性が生ずるのである。

『社会契約論』の国家理論はまた、民主主義は治者と被治者の同一性として定義されるのが正しい、という論証をふくんでいる。私の著作『政治神学』(一九二二年)および議会主義についての論文で提唱されているそのような定義は、それが注目を受けたかぎりにおいて、部分的には拒否され、部分的には剽窃された。それゆえに私は、なるほどこの定義は、今日の国家理論に適用され一連の同一性へと拡大されている点では新しいが、その他の点では、古い、古典的とも言える、それゆえにこそおそらくはもはや知られていない伝統に添うものだ、ということを言っておきたいと思う。今日ではとくに時局性をもつ興味ぶかい国家理論的帰結に言及している点で、ここでは、プーフェンドルフの定式化(『自然法と万民法』(*De Jure Naturae et Gentium*)一六七二年、第七部第六章第八節)が引用されてよかろう。命令するものと服従するものが同一である民主主義においては、主権者、すなわちすべての市民からなる集会は法律と憲法を任意に変えることができるが、「命令者がいるところには別の被命令者がいる」君主主義および貴族主義においてこそ、相互的な契約、したがって国権の制限が可能なのだ、というのがプーフェンドルフの見解である。

*

今日、一般の考え方は、議会主義を、ボルシェヴィズムとファシズムの中間にあって両側から脅かされていると見ている。これは、平明だが外面的な分類である。議会主義の運営と議会主義的な諸装置の困難さは、実は、現代の大衆民主主義の状態から生まれている。現代の大衆民主主義は、まずもって、民主主義そのものの危機にみちびく。それは民主主義に必要な実質的平等と同質性の問題が普遍的な人間の平等によっては解決されえないからである。さらに、現代の大衆民主主義は、民主主義の危機とは区別されてしかるべき議会主義の危機にみちびく。これら二つの危機は今日では同時にあらわれ、相互に強めあっているが、概念上も事実上も違うものである。現代の大衆民主主義は、民主主義として、治者と被治者の同一性を実現しようとし、その途上で、もはや明証性を失い過去のものとなった制度としての議会に遭遇する。民主主義的な同一性ということをまじめに考えるならば、危急の場合には、どんな仕方であれ表明された抗し難い国民意思の唯一決定性の前には、他のいかなる憲法上の制度も、維持されえない。とりわけ、独立の議員たちの討論にもとづく制度というものは、そのような国民意思に対抗しては、独立の存在理由をもたず、討論への信念が民主主義的ではなく自由主義的な起源をもつものであるからして、なおのことそうである。今日、三つの危機を区別することができる。民主主義の危機——これについては、自由主義的な人間の平等と民主主義的な同質性との対立に注意せずにではあるが、M・J・ボンが語っている——、次に近代国家の危機(アルフレート・ウェーバー)、そして最後に議会主義の危機、である。ここで問題となる議会主義の危機は、なるほど民主主義と自由主義は、暫時提携しあうことはできるけれども、この自由＝民主主義がひとたび権力につくと、その構成要素のあいだでどちらを選ぶか、決断をしなければならないのだ、ということに起因している。これはちょうど、社会主義と民主主義も提携しうるが、社会民主主義が権力につくと、社会主義と民主主義のどちらを選ぶかを決しなければならない、ということと同様である。ちなみに、現代の大衆民主主義は自由主義の要素を本質としてふくんでいるから、社会民主主義は、実は、社会=自由=民主主義なのである。民主主義においては、等しいものの平等のみ、等しいものに属するものの意思のみが存在する。他のすべての制度は、なんらかのしかたで表明された国民意思に対抗して自己固有の価値と自己固有の原理をもち出すことのできぬ、没本質的な社会技術的な当座しのぎにかわってしまう。現代国家の危機は、大衆民主主義と人類民主主義はいかなる国家形態をも、民主主義国家さえも実現することができぬ、ということに起因している。

それに反してボルシェヴィズムとファシズムは、あらゆる独裁と同じく、なるほど反自由主義的ではあるが、必ずしも反民主主義的ではない。民主主義の歴史においては、国民意思を形成し、同質性を創造するものとして、多くの独裁、カエサル主義、および、前世紀の自由主義の伝統にとっては異常な、耳目をひく他の方法がある。

個々の市民それぞれが最も深い秘密と完全な孤立のなかで、それゆえ私的なるものおよび無責任なるものの領域からふみ出すことなしに、「秘密装置」のもとで「監視されずに」——ドイツのライヒ選挙法はそう定めている——彼の票を投じ、ついで個々の投票すべてが記録され、算術的な多数が計算される、というふうな仕方でしか国民は自らの意思を表明しえぬ、ということは、自由主義的原則との混合から一九世紀に生じた非民主主義的考え方に属するのである。そのことによって、まったく初歩的な真理が忘れられてしまい、今日の国家学には気づかれていないように思われる。国民とは公法の概念なのである。国民は公的領域でのみ存在する。一億人の私人の一致した意見は、国民意思でもなければ公開の意見〔公論〕でもない。国民意思は、歓呼、喝采(acclamatio)によって、自明の反論しがたい存在によって、ここ半世紀のあいだあれほど綿密な入念さをもってつくりあげられてきたところの統計的装置によってと同じく、また、それよりいっそう民主主義的に、表明されうるのである。民主主義的感情の力がつよくなればなるほど、民主主義が秘密投票の記録システム以外の何ものかだという認識は、それだけたしかなものになる。技術的意味においてだけではなく本質的な意味においても直接的な民主主義を前にしては、自由主義の思考過程から生まれた議会は、人為的な機構にみえるのであり、それに対し、独裁やカエサル主義の方法は、国民の喝采によって担われうるだけではなく、民主主義的な実質と力の直接的な表現でもありうるのである。

ボルシェヴィズムが鎮圧されファシズムが遠ざけられるとしても、だからと言って今日の議会主義の危機がすこしでも克服されるわけではない。その危機は、これら二つの敵の登場の結果ではないからである。危機はこれら両者よりもさきに存在したし、これら両者ののちまで続くであろう。危機は、現代の大衆民主主義の諸帰結から、そして究極においては、精神的パトスによって担われた自由主義的な個人主義と、本質的に政治的な理想によって支配された民主主義的な国家感情との対立から、生まれている。これら二つのものの君主絶対主義に対抗する歴史的な結びつきと共通の闘争の一世紀は、そのような対立の認識をさまたげてきた。しかし今日では、その対立の展開は日に日につよくあらわれ、「世界的用語法」によってももはや防止できない。それは、自由主義的な個人意識と民主主義的な同質性との、その深奥においては克服できない対立なのである。

注

(1) そのまったく典型的な一例は、上院議員たる Gaetano Mosca 教授の著書 *Teorica dei Governi e Governo Parlamentare*(第二版ミラノ、一九二五年。初版一八八三年)S. 147 における議会主義の定義である。かれは、議会主義ということによって、国家における政治的優位(la preminenza politica)が直接あるいは間接に国民の選挙から由来する要素に帰属するような統治を、理解している。代表制憲法と議会主義を好んで等置することもまた、同じような混同をふくむものである。

(2) 最近公にされた、興味ぶかく機知にとんだ、文献上および思考上の飛躍にもかかわらずきわめて注目すべき書物、Wyndham Lewis, *The art of being ruled*, London (Chatto & Windus) 1926 は、知的なるものから情緒的・煽情的なるものへのかような移行を、現代民主主義によって男らしいタイプがしりぞけられ、普遍的な女性化が生ずる、ということによって説明している。

(3) とはいえ、この点で、ロベルト・ミヒェルスがその『政党社会学』(*Zur Soziologie des Parteiwesens in der modernen Demokratie*)第二版〔森博・樋口晟子訳『現代民主主義における政党の社会学(I)(II)』木鐸社〕の序文(S. XVIII)で行なっている指摘は適切である。——「理論的な大衆心理学の領域において、特に応用的なそれの領域において、ドイツの学問は、業績においても、また関心の点でも、フランス、イタリア、アメリカ、イギリスの学問より何十年かおくれている」。ただし、ロベルト・ミヒェルスの書物のごときは、資料と思想におけるおどろくべき豊かさをもっており、おそらく十年間のおくれをとりかえすに値する、ということがつけ加えられるべきである。

(4) 民主主義に適合的な政治的実質は、私見によれば、単に経済的なるもののうちにはありえない。経済上の等しさからは政治上の同質性は決して生じない。おそらく──消極的には──経済上等しからざることが甚しいと、そうでなければ存在する政治上の同質性が消滅するか、危殆に瀕することはあろう。この命題をさらに詳述することは別の問題に属する。

(5) その限りでひとつの「多元主義」が存在し、社会的な多元主義は──M. J. Bonn, *Die Krisis der europäischen Demokratie*, 1925 の予測によれば、今日のいわゆる人類民主主義なるものはその中に解消してしまうだろう──、より効果的な別の形態で、ずっと以前から存在しているし、つねに存在してきた。

(6) この区別を、雑誌 *Die Schildgenossen*, September 1925 における Werner Becker のきわめて注目すべき論文が詳述している。この論文は、一九二五年夏学期の私の政治学ゼミナールで行なわれたすぐれた報告にもとづいている。Hefele の論文(*Hochland*, November 1924)もまた、自由主義と民主主義の対立を強調している。もっとも私は、ベッカーともヘフェレとも反対に、民主主義の定義に際して、治者と被治者との同一性をあげつづける。

(7) *Die Krise des modernen Staatsgedankens in Europa*, Stuttgart 1925.

（8） *Archiv für Sozialwissenschaft und Sozialpolitik*, August 1925, Bd. 54, S. 533.

訳者解説

本書に収めたカール・シュミット(Carl Schmitt 一八八八―一九八五)の二つの論稿

① *Die geistesgeschichtliche Lage des heutigen Parlamentarismus*, 1923

② Der Gegensatz von Parlamentarismus und moderner Massendemokratie, 1926

のうち、①は一九二六年に第二版が刊行され、記述の追加、削除、補正がなされている(本訳書でのその部分の扱い方については、凡例を参照されたい)。第二版には、加えて、②が「序言(議会主義と民主主義との対立)」として冒頭に組み入れられた。②の初出は独立した雑誌寄稿としてであり、それと①の第二版の「序言」との間には、書き出しの数行に同じでないところがある他は、リヒャルト・トーマへの言及以降の行論にはほとんど違いがない。なお①の第二版はそのままの形で戦後も刷を重ね、現在第九版(二〇一〇年)が出ている。この訳書では、あえて時系列を重んじ、二つの論稿を公表の順序に従って掲出することにした。

以下では、訳出したテクストそのものに即しての最小限度の解説(I)と、著者の学問上および非学問上の経歴にかかわる事柄についてのコメント(II)を便宜上分けて述べることとするが、二つの問題群が無関係だと考えているわけでないことは、その中で示唆する通りである。

I　ひとつのキーワード
——代表＝「再現前」

1　①②二つの論述を通し、問題とされるのは議会主義の「精神史的」状況、その「窮極の精神的基礎」である。著者は議会主義の精神史的な基礎がもはや過去のものとなったとし、その認識を媒介することによって、議会主義と民主主義の連関を切断する。その点で彼は、同時代の論敵ハンス・ケルゼン(一八八一——一九七三)が『民主主義の本質と価値』(〔第二版〕一九二九年、長尾龍一・植田俊太郎訳、岩波文庫)で、議会制の「危機」「破産」「苦悶」が言われる状況に直面しながらもその「改革」を論じ、「議会制是非の決断は同時に民主制是非の決断」と言い切るのと、対照を示す。一九三〇年代にかけてドイツで――そして日本を含む諸国で――議会主義と民主主義がどんな急展開の中に呑み込まれていったか、それを知っている現在の読者は、両者それぞれの同時代認識と主張から、読みとるべきことが少なくないはずである。

2　シュミットは、彼の「精神史的」な議会主義理解の核心となるひとつのキーワードについて、①の第二版でひとつの註に長い記述を追加するという形でしか言及していない(本訳書一一二―一一四頁)。しかしその行論から、注意深い読者たちは、普通は「代表」と訳して済まされているひとつの語――Repräsentation――に着目するだろう。

実際、①の第一版と第二版の間(一九二五年)に公にされた『ローマカトリック教会と政治形態』(小林公訳、長尾龍一編『カール・シュミット著作集I』慈学社)で、彼は、「十九世紀を通じての人民代表制と王制との角逐の中で、法学は代表の意味とその特殊な概念内容を見失ってしまった」として、イェリネックを典型とするドイツ国法学の「代表」「機関」学説を、「奇怪」な「錯綜」とまで批判していた。それでは、代表の

「特殊な概念内容」とは何か。それを説明して、彼の憲法学上の主著(一九二八年、尾吹善人訳『憲法理論』)は、「代表するというのは、不可視の存在を、公然と現存する存在によって、目に見えるようにし、眼前に彷彿とさせることである」と言う。「学問的明確さのために、この代表の語に再び精確な意味を与えたい」というシュミットからすれば、命令委任を伴う代理の意味での代表はもとより、およそ選挙人の意思の反映を想定するような段階の代表の変質を意味する「半代表」は、言葉の誤用とされるだろう。

ローマカトリック教会と絶対王政を念頭に置きつつ「ポリスの一体性」=政治的統一体の秩序原理として考えられたRepräsentationこそが、フランス革命期憲法に「ひき移され」、一七九一年憲法第三篇二条の「フランス憲法(=国制)は代表制である」という文言となった、というシュミットの理解。その意味でのRepräsentationに、どう訳語を与えるか。戦前、宮沢俊義「国民代表の概念」(一九三四年)は、「代表なる表象」が「法律的実在」を持たぬ「全くのイデオロギーにすぎぬ」ことをあばく地点に、自己の位置を定めた。一方で、尾高朝雄、清宮四郎、黒田覚らの知的サークルで「体現」「象徴」という語が議論されていた、という注目に値する最近の指摘がある(石川健治「象徴・代表・機関」全国憲法研究会編『日本国憲法の継承と発展』)が、幸いなことに、この語に正面から相対した大著が、われわれにはすでに与えられている。和仁陽の労作『教会・公法学・国家——初期カール・シュミットの公法学』(一九九〇年)がそれである。和仁は、いくつかの了解を前提とした上で、「やむを得ず」と一歩下る慎重さを示しながら、Repräsentation に「再現前」の訳を与えた。この訳語によって、「代表」という語が同時に歴史的意味連関を豊富に包蔵するものであることが、あぶり出されると言ってよいだろう。

前に言及したシュミットの主著は、その題目からして、伝統的にドイツ憲法学の体系書がみずからに冠してきた *Staatsrechtslehre* = 国法学に替えて *Verfassungslehre* = 憲法学(尾吹訳書では『憲法理論』)と名乗り、「国法学はここで終る」とされていた基本的諸問題に取組もうとした。同書の一対の基礎概念の一方が他ならぬ Repräsentation(再現前 = 代表)、もう一方が Identität(同一性、より正確には同一視)であり、彼にとってワイマール憲法の体系的理解の要め石となる。こうして、「同一性原理の一切の構造要素を放棄しうる国家も、代表[= 再現前]の一切の構造要素を断念しうる国家も、共に存在しない」という見地から、憲法制定権力、憲法と憲法律、憲法改正の限界、具体的秩序としての憲法、制度保障、主権的独裁と受任的独裁、中立的権力、などの論点が提示あるいは再提示された。これらの論点は、シュミットの人と学問の全体像に対する評価とは別に、今日なお憲法学の議論を刺戟し続けている。

II 「カール・シュミットを読まなければならないのか」

――「読むならそのすべてを」

1　シュミットは一九二一年にドイツ北部のグライフスヴァルトで正教授の地位を得、翌年ボン大学に移って活発な著作活動を行ない、一九二八年(前述『憲法理論』出版の年)ベルリン商科大学に移る。そのあとケルン大学の招聘にいったん応じたものの一九三三年ベルリン大学教授となる。――学界での業績の累積を反映するこの経歴を通して、初期の神学、哲学色の強い著作からは「カトリック公法学」(プロテスタント系が有力だったドイツの法学界では少数派に属する)の像が、そしてワイマール憲法下の講壇憲法学者としては『憲法理論』の才気に充ちた像が、浮かびあがってくるだろう。実際、自国をはじめとするデモクラシーの機能障害を腑分けしてみせるメスは鋭く冴え、博引傍証の任せるままに神学、哲学、文学の言辞を縦横に操る鮮やかさは、論旨の揺れや撞着までを含めて、独自の吸引力を発する。

その一方でしかし、ボンからベルリンへの転出の時期と重なり合う世界史的な激動（ウォール街大暴落は一九二九年）を背景として、もうひとつのシュミット像が前面に立ちあらわれる。一九三二年の『合法性と正統性』の段階では、彼はナチス（と共産党）の表現活動に対する規制に賛成していた。一転して一九三三年五月一日ナチスに入党し（ヒトラーの首相任命は同年一月）、ナチス法律家連盟の指導的地位についたのち、一九三六―三七年SS（ナチス親衛隊）に非難されて重要役職を退く。戦後は再度にわたって占領当局により身柄を拘束され、米国占領地域で検事による数次の訊問をうけた（これらの点を含め、長尾龍一編『カール・シュミット著作集Ⅰ・Ⅱ』のそれぞれ巻末に附された編者による「カール・シュミット伝」および「シュミット再読――悪魔との取引？」を参照されたい）。

講壇憲法学者としての彼は実定憲法そのものに公然敵対する立場をとらず、「ワイマール憲法の父」フーゴー・プロイス（ベルリン商科大学での前任者）を論ずる仕方も節度を失うことはなかった（一九三〇年）。『憲法理論』がレオ・シュトラウスの言う「書く技術」を使ってワイマール憲法の遠まわしの批判をしていた(オリヴィエ・ボーの指摘)という見方は当っていいようし、『憲法の擁護者』(一九二九年)が「喝采」による大統領の権威主義の正当化だったとしても、である。

その彼が、一九三三年を境に、ナチスのKronjurist(桂冠法学者)として、「毒喰わば皿(まで)」の「豹変」(前出・長尾)ぶりを天下に見せつけることとなる。

一九四九年、「ドイツ連邦共和国」の成立にあわせて再建されたドイツ国法学者大会の五〇周年記念大会(一九九九年)で会長講演の任に当ったクリスチャン・シュタルクは、五〇年前を振り返って、そのとき招請されなかった四人の名を挙げた。その中にシュミットの名があったことは、当然であった。同じ年に有力出版社ノモスが「現代ドイツ国法学者とその学問出自」と題する図解表を配っており(栗城壽夫氏の好意により入手)、いくつかの標識および実線と破線により関係を示し分けているが、それにも、戦後シュミットのドイツ学界での状況がうつし出されている。

もっとも、だからといって憲法学者としてのシュミットが提起した論点が忘れられてしまっているのでないことは、前述の通りである。それればかりか、憲法解釈論の前提理解として「国家」と「社会」の区別を強調する二元論(国家からの自由の重視)と、

「社会」の要素を意識的に重視する多元主義（社会自身が公共をつくる、という想定）の対置構図とのかかわりで、前者をシュミット・シューレ、後者をスメント・シューレと呼ぶ整理図式があるほどでもあることを、つけ加えておく。

2　学界、というよりまず論壇でシュミット発見の流れを作ったのは、「一九六八年」世代の新左翼だった。投票箱と空虚な議事によって陳腐化した制度としてのデモクラシーに立ち向かうものとして、大衆の自発性と「喝采」の中にこそ真のデモクラシーがあるという彼らの主張は、シュミットに共鳴板を見出したのである。それはイタリア、そしてフランスでいちじるしい現象だったが、以下では紙幅のゆるす限度で、フランスでの状況を瞥見し、そこで特に何が問題とされたかを点検することにしよう。

シュミットにとりフランスはたえず思考座標の重要な地位を占めていたが、そのフランスはほとんど彼を知らなかった。レヴィアタンを全体国家の祖先と見る当時の俗説に対抗してホッブズの個人主義読解を説いた点で、シュミットとその同時代人の公法学者ルネ・カピタンの間の相互関心が注目に値する例外だった。それにしても、反ナチ抵抗運動の中でド・ゴールと相識り同政権の閣僚をつとめることとなる左翼ゴーリストとしてのカピタンと、ナチス加担の責任を問われる側となったシュミットとの間に、戦後の知的交流が復活するすべもなかった。戦後フランス憲法学の一時期を主導したモーリス・デュヴェルジェがアルジェリア戦争の危機状況の中で『独裁論』(一九六一)を公にした際、シュミットの『独裁(第二版)』(一九二八)にふれてはいるが、「パンフレット」と形容しているにすぎない。

一九八五年のシュミットの死と前後して、その著書の仏訳がつぎつぎに出揃ってくる。『政治的なものの概念』『パルチザンの理論』(一九七二)に続いて、『陸と海と』(一九八五)、『政治神学』『現代議会主義の精神史的状況』(訳書名は『議会主義とデモクラシー』)(一九八八)、複数の論文を集録した『政治論』(一九九〇)、そして『憲法理論』(一九九三)、『地のノモス』(二〇〇一)である。シュミットを主題としてとりあげる著書・論文も数多く公刊されるようになり、そのような状況を、知識層に読まれる日刊紙『ル・モンド』がそのつど、長文の書評欄を提供してフォローしてきた。

その中で二〇〇二年にシュミットの一九三八年のホッブズ論(一九三七年公表の論文を大幅に増補したもの)の仏訳書が『トマス・ホッブズの国家論におけるレヴィアタン』として公刊された。それには、エティエンヌ・バリバールが五〇頁にわたる長文の論説「シュミットのホッブズ、ホッブズのシュミット」を巻頭に寄せており、その彼自身と第一線の法哲学者、憲法学者を報告者とするラウンド・テーブルが開かれた(シンポジウムの記録は、雑誌 *Droits, revue française de théorie de philosophie et de culture juridique.* n°38(2003).)。訳書が刊行された直後の『ル・モンド』の書評欄は一頁全部をそれに充てた(二〇〇二年一二月六日号)が、そこでこの本に強い否定の評価を加えていたイヴ・シャルル・ザルカが、あらためて二〇〇五年に持論を展開した。『カール・シュミットにおけるナチスのひとつの細部』というその書名は、アウシュヴィッツを「歴史のひとつの細部」と言ってのけた極右国民戦線の党首(当時)ジャン・マリ・ル・ペンの発言を下敷きにした、強烈で痛切な批判的暗喩だった。

「カール・シュミットを読まなければならないのか?」という問いがあらためて繰り返し論争の主題となるのは、「デモクラシーの敵」一般、「独裁の正当化」一般としての彼が問題なのではない。第三帝国の権力にコミットしたこと一般ですらない、とも言える。何より、彼の徹底した反ユダヤ主義の言説の累積が、問題とされるのである。そしてそれは、「人道に反する罪」が実定国内刑事法上の犯罪類型ともされている国でのことなのである。

「シュミットを読まなければならないのか」という問いは、ようやくシュミットの仏訳が出揃い始めた時点に、ジャック・ジュリアールが知識層(フランスで言う意味での「左翼」の)に読まれる週刊評論誌『ヌーヴェル・オプセルヴァトゥール』(一九八八年一二月二〇日号)に書いた論説の標題だった。それから二〇年近くたって、その問いにザルカは、シュミットのすべてを読んでその反ユダヤ主義のありのままを知るべきだ、と言う。シュミットの「すべて」を知るためのものとして、ラファエル・グロスの大部の書物の仏訳『カール・シュミットとユダヤ人』も同じ年に出版され、ザルカが序文を書いている。

一連の訳書に先立って一九七二年に『政治の概念』と『パルチザンの理論』の仏訳が公刊されたときには、訳者ジュリアン・フロインドの序文がシュミットの復権を企てるものであったのを、訳書を収めた叢書の主宰者だったレイモン・アロンはそのまま出版させていた。それに比べ、『憲法理論』と『地のノモス』の仏訳については、この二著を出した叢書を主宰していた法哲学者ステファン・リアルスは、「後悔はしていない」と繰り返しながらも、再版の機会があれば、ナチスの教説が形成されるのにシュミットが重要な役割を果たしたことへの注意を読者にはっきりと示す、と言うことが必要となっていた。その間に、ザルカなどにより、シュミットの反ユダヤ主義の多数の言説が、フランスではじめて系統的に紹介されるようになっていたからである。「ハイデガー問題」の場合とは対照的に、「シュミット問題」が論壇での争点になるほどには読まれてこなかったのである。もっとも、ハイデガーの場合も、二〇一四年来、『黒いノート』の公表を受け、あらためて、その哲学と反ユダヤ主義との内的関連という論点が議論されているが。

シュミット自身について、問題は二段階にわたるだろう。

まず、ユダヤ人への憎悪と彼の専門業績とを区別できるのか。料理のシェフならば、彼の人種差別を斥けながらも彼のレシピを引き継ぐことはありうるだろう。だが法思想家、政治哲学の理論家について、同じことが可能なのか。

だがシュミットの場合、もうひとつ、もっと大きな問いが向けられよう。一六―一七世紀ヨーロッパの危機状況に対面したホッブズは、近代国家の知的設計を構想した。二〇世紀の危機に直面したシュミットがしようとしたことを端的に表現すれば、ホッブズが立ち向かった当の相手だった自然状態に戻ろうということであり、シュミットの名とともに世に知られる彼の「友・敵」思考は、そうであってこそその全き意味を獲得する。

「友・敵」という二元対置思考に対応して、シュミットは、およそ中間的なものを拒絶する。「ポリス＝国家の一体性」を思考の基軸におくシュミットであるが、それをなしとげたという意味で「フランス革命の偉大さ」を語っていた限りでは、「民族国家」でなく「国民国家」形成に遅れて参入したドイツからみたフランス、イギリスへの羨望であったはずである。

しかし、「一体性」のものさしに「人種」「民族」が登場すると、場面は一変する。そして、「一体性」の障害となっているとされる特定の「人種」「民族」として「ユダヤ人」がひとたび挙げられると、シュミットの言説は、耐えられぬほどの軽さで通俗化する。キリスト教世界で根強い反ユダヤ主義の土壌に支えられて、シュミット自身のその種の主張が、無数の煽動的言辞の山をなすところまで行き着いてしまう。

ホッブズにおける「万人の万人に対する闘争」の主体は個人であり、その個人にとって「友」はなく、「万人」が「敵」同士であるほかなかった。そしてまさしくそのことが、「万人」の間の和平を求めることに結びついていた。それと対照的に、シュミットは、「友・敵」関係の中に集合体を登場させた。彼が好んで言及する集合体が教会と労働組合、より基本的には階級である間は、「友・敵」関係は流動する可能性のもとにおかれている。それに対し、ひとたびartigなもの――種類、ジャンル、ジェンダー――の間の「友・敵」が問題となると、敵対関係は固定する。さらに特定的に、völkisch（純ドイツ民族であること）なものに対置された「ユダヤ人」は、一体として否定されることになる。「最終解決」「根絶やし」、ことばの正確な意味での*genocide*は、その帰結であった。

ホッブズがその力業で構築したレヴィアタンの「破れ目」の発見者としてスピノザに着眼した（前出一九三八年のホッブズ論、前出長尾編『カール・シュミット著作集Ⅱ』所収の長尾訳を参照）のは、シュミットの学問上の言説であった。しかしそのシュミットは、スピノザを「最初の自由主義ユダヤ人」と表現したうえで、「一九世紀においてもユダヤ人哲学者フリートリヒ・ユリウス・シュタール＝ヨルゾンの眼はこの破れ目を直ちに看取し、これを利用した」に始まり、「モーゼス・メンデルスゾーン、マルクス、ベルネ、ハイネ、マイヤベーヤ」らの名を列挙して、これらユダヤ人たちが「生けるレヴィアタンの去勢に協力した」と説くまでに及ぶ。「ユダヤ人哲学者フリートリヒ・ユリウス・シュタール＝ヨルゾン」という表記の仕方にも注意したい。そのシュタールのユダヤ名をGolsonでなくJolsonと表記することについて、シュミットはわざわざ注をつけている。ここまで来ると、理論的思索の名において「敵」に対する憎悪をぶつけることになっている。

繰り返すなら、デモクラシーにとって「危険な思想家」一般が問題なのではない。危険でない思想は思想に値しないだろう。そうではなくて、怨恨、憎悪を理論の名のもとに説くことが、問題なのである。二〇世紀の知の世界が当面したひとつの問題を重要と考え、シュミットをあらためてとりあげるに際して、先に述べたステファン・リアルスと共有する立場から、私はこの解説を書いた。なお、解説のⅡ2の部分で、私の別稿「「危機」への知の対応――16世紀と20世紀：2つの例」(奥平康弘・樋口陽一編『危機の憲法学』弘文堂、二〇一三年所収)の一部をそのまま用いている。

この一冊をこの形で世に送ることの意味に理解を示された岩波書店への敬意と、旧訳補筆の過程を綿密に支えて下さった岩波文庫編集部の太田順子氏への謝意とともに。

二〇一五年五月三日

樋口陽一

人名索引

アリストテレス(Aristoteles 前 384-322)　48, 52
ウィルソン(Wilson, Thomas Woodrow 1856-1924)　44
ウェーバー(アルフレート)(Weber, Alfred 1868-1958)　147, 148, 151
ウェーバー(マックス)(Weber, Max 1864-1920)　19, 130, 136
エンゲルス(Engels, Friedrich 1820-1895)　67, 88, 99, 103
オストロゴルスキー(Ostrogorsky, Moisei Yakovlevich 1854-1919)　12
オーリウ(Hauriou, Maurice 1856-1929)　45, 118
カウツキー(Kautsky, Karl Johann 1854-1938)　86
カヴール(Cavour, Camillo Benso 1810-1861)　135
カエサル(Caesar, Gaius Julius 前 100-前 44)　75
カント(Kant, Immanuel 1724-1804)　42, 47
ギゾー(Guizot, François 1787-1874)　16, 36, 38, 63, 111, 112, 125, 127, 130, 136
クラプマリウス(Clapmarius, Arnold 1574-1604)　40
クローチェ(Croce, Benedetto 1866-1952)　89
グロティウス(Grotius, Hugo 1583-1645)　48, 115
クロムウェル(Cromwell, Oliver 1599-1658)　88
ケルゼン(Kelsen, Hans 1881-1973)　19
ゲンツ(Gentz, Friedrich von 1764-1832)　132
コノリー(Connolly, James 1868-1916)　105
コンドルセ(Condorcet, Marie Jean Antoine Nicolas de Caritat, Marquis de 1743-1794)　42, 51, 54, 84, 116
サルピ(Sarpi, Paolo 1552-1623)　40
シャフツベリ(Shaftesbury, Anthony Ashley-Cooper, 3rd Earl of

1671-1713)　44
シュタイン(Stein, Lorenz von 1815-1890)　57, 117
シュルツェ＝デリッチュ(Schulze-Delitzsch, Hermann 1808-1883)　78
スタンダール(Stendhal 1783-1842)　102
スメント(Smend, Rudolf 1882-1975)　35
ソレル(Sorel, Georges 1847-1922)　89, 91, 93, 95-104, 119, 120
ツィーテルマン(Zitelmann, Ernst 1852-1923)　52
ディスレリ(Disraeli, Benjamin 1804-1881)　17
テセウス(Theseus)　75
テニエス(Tönnies, Ferdinand 1855-1936)　39
テーヌ(Taine, Hippolyte Adolphe 1828-1893)　16
トクヴィル(Tocqueville, Alexis de 1805-1859)　16
ドノソ・コルテス(Donoso Cortés, Juan María de la Salud 1809-1853)　94-96
トーマ(Thoma, Richard 1874-1957)　108, 109, 126, 127, 129-131, 142
トロツキー(Trotski, Leon 1879-1940)　85, 86, 121
ナウマン(Naumann, Friedrich 1860-1919)　130, 136
ナポレオン(Napoléon Bonaparte 1769-1821)　64, 75, 104
ナポレオン三世(Napoléon III 1808-1873)　18, 135
バーク(Burke, Edmund 1729-1797)　127, 132, 136
バクーニン(Bakunin, Mikhail Aleksandrovich 1814-1876)　89-91, 102, 119, 120
ハスバッハ(Hasbach, Wilhelm 1849-1920)　39
ハリントン(Harrington, James 1611-1677)　45
ピアース(Pearse, Patrick Henry 1879-1916)　105
ピョートル大帝(Pyotr, Alekseevich 1672-1725)　104
フィヒテ(Fichte, Johann Gottlieb 1762-1814)　72, 73, 75, 85
フェリ(Ferri, Enrico 1856-1929)　89
プーフェンドルフ(Pufendorf, Samuel von 1632-1694)　150
ブリンクマン(Brinkmann, Carl 1885-1954)　147

ブルクハルト(Burckhardt, Jacob 1818-1897) 12
ブルートゥス(Brutus, Stephen Junius 1549-1623) 47
プルードン(Proudhon, Pierre Joseph 1809-1865) 18, 89-91, 94-96, 98, 120
ブルンチュリ(Bluntschli, Johann Kaspar 1808-1881) 57, 58, 117
プレヴォ＝パラドル(Prévost-Paradol, Lucien-Anatle 1829-1870) 135
プロイス(Preuß, Hugo 1860-1925) 130, 136
ヘーゲル(Hegel, Georg Wilhelm Friedrich 1770-1831) 47, 52, 56, 57, 65, 70, 71-73, 75, 78, 81, 96
ベザ(Beza, Theodorus 1519-1605) 47
ベルクソン(Bergson, Henri 1859-1941) 89-91, 120
ベルテルミ(Berthélemy, Henry 1857-1943) 10
ベルンシュタイン(Bernstein, Eduard 1850-1932) 99
ベロック(Belloc, Hilaire Pierre René 1870-1953) 12
ベンサム(Bentham, Jeremy 1748-1832) 42, 127, 135, 136
ボダン(Bodin, Jean 1530-1596) 49
ホッブズ(Hobbes, Thomas 1588-1679) 50
ボードレール(Baudelaire, Charles 1821-1867) 102
ボーリングブルック(Bolingbroke, Henry 1678-1751) 45, 50, 117
ボン(Bonn, Moritz Julius 1873-1965) 108, 131, 151, 156
マイヤー(Mayer, Otto 1846-1924) 48
マキャヴェリ(Machiavelli, Niccolò 1469-1527) 40, 47
マブリ(Mably, Gabriel Bonnot de 1709-1785) 45
マルクス(Marx, Karl Heinrich 1818-1883) 67, 68, 70, 76, 78, 80, 82, 83, 88, 96, 100-104, 119
マルブランシュ(Malebranche, Nicolas 1638-1715) 44
ミシュレ(Michelet, Jules 1798-1874) 16
ミヒェルス(Michels, Robert 1876-1936) 13, 89, 155, 156
ミュルジェ(Murger, Henri 1822-1861) 102
ミル(Mill, John Stuart 1806-1873) 43, 127, 136
ムッソリーニ(Mussolini, Benito 1883-1945) 9, 106

モーザー(Moser, Johann Jacob 1701-1785)　44
モスカ(Mosca, Gaetano 1858-1941)　9, 10, 155
モール(Mohl, Robert von 1799-1875)　36, 58, 117
モンタランベール(Montalembert, Charles Forbes René comte de 1810-1870)　95
モンテスキュー(Montesquieu, Charles Louis de Secondat, Baron de la Brède, et de 1689-1755)　45, 51, 116, 129, 137
ヤネンツキー(Janentzky, Christian 1886-1968)　71
ラッサール(Lassalle, Ferdinand 1825-1864)　78
ラーバント(Laband, Paul 1838-1918)　49
ランケ(Ranke, Leopold von 1795-1886)　16
リカード(Ricardo, David 1772-1823)　76, 78
リップマン(Lippmann, Walter 1889-1974)　134
リルバーン(Lilburne, John 1614-1657)　25
ルイ・フィリップ(Louis-Philippe 1773-1850)　63, 125
ルソー(Rousseau, Jean-Jacques 1712-1778)　21, 22, 24, 45, 115, 120, 147, 148, 149
ルナン(Renan, Joseph Ernest 1823-1892)　17, 97
ル・メルシエ・ドゥ・ラ・リヴィエール(Le Mercier de la Rivière, Pierre-Paul 1719(20)-1801)　42
レズロープ(Redslob, Robert 1882-1962)　45
レーニン(Lenin, Vladimir Ilich 1870-1924)　85, 103, 104
ロック(Locke, John 1632-1704)　21, 45, 49, 59, 115
ローマー(Rohmer, Friedrich 1814-1856)　57
ロルム(Lolme, Jean-Louis de 1740-1806)　45

現代《げんだい》議会主義《ぎかいしゅぎ》の精神史的《せいしんしてき》状《じょう》 況《きょう》 他一篇
カール・シュミット著

2015年7月16日 第1刷発行
2023年5月15日 第7刷発行

訳 者 樋口陽一《ひぐちよういち》

発行者 坂本政謙

発行所 株式会社 岩波書店
〒101-8002 東京都千代田区一ツ橋 2-5-5

案内 03-5210-4000 営業部 03-5210-4111
文庫編集部 03-5210-4051
https://www.iwanami.co.jp/

印刷・三秀舎 カバー・精興社 製本・牧製本

ISBN 978-4-00-340301-3 Printed in Japan

読書子に寄す

――岩波文庫発刊に際して――

岩波茂雄

真理は万人によって求められることを自ら欲し、芸術は万人によって愛されることを自ら望む。かつては民を愚昧ならしめるために学芸が最も狭き堂宇に閉鎖されたことがあった。今や知識と美とを特権階級の独占より奪い返すことはつねに進取的なる民衆の切実なる要求である。岩波文庫はこの要求に応じそれに励まされて生まれた。それは生命ある不朽の書を少数者の書斎と研究室とより解放して街頭にくまなく立たしめ民衆に伍せしめるであろう。近時大量生産予約出版の流行を見る。その広告宣伝の狂態はしばらくおくも、後代にのこすと誇称する全集がその編集に万全の用意をなしたるか。千古の典籍の翻訳企図に敬虔の態度を欠かざりしか。さらに分売を許さず読者を繫縛して数十冊を強うるがごとき、はたしてその揚言する学芸解放のゆえんなりや。吾人は天下の名士の声に和してこれを推挙するに躊躇するものである。このときにあたって、岩波書店は自己の責務のいよいよ重大なるを思い、従来の方針の徹底を期するため、すでに十数年以前より志して来た計画を慎重審議この際断然実行することにした。吾人は範をかのレクラム文庫にとり、古今東西にわたって文芸・哲学・社会科学・自然科学等種類のいかんを問わず、いやしくも万人の必読すべき真に古典的価値ある書をきわめて簡易なる形式において逐次刊行し、あらゆる人間に須要なる生活向上の資料、生活批判の原理を提供せんと欲する。この文庫は予約出版の方法を排したるがゆえに、読者は自己の欲する時に自己の欲する書物を各個に自由に選択することができる。携帯に便にして価格の低きを最主とするがゆえに、外観を顧みざるも内容に至っては厳選最も力を尽くし、従来の岩波出版物の特色をますます発揮せしめようとする。この計画たるや世間の一時の投機的なるものと異なり、永遠の事業として吾人は微力を傾倒し、あらゆる犠牲を忍んで今後永久に継続発展せしめ、もって文庫の使命を遺憾なく果たさしめることを期する。芸術を愛し知識を求むる士の自ら進んでこの挙に参加し、希望と忠言とを寄せられることは吾人の熱望するところである。その性質上経済的には最も困難多きこの事業にあえて当たらんとする吾人の志を諒として、その達成のため世の読書子とのうるわしき共同を期待する。

昭和二年七月

《法律・政治》〔白〕

人権宣言集　高木八尺・末延三次・宮沢俊義編
新版 世界憲法集 第二版　高橋和之編
君主論　マキアヴェッリ　河島英昭訳
フィレンツェ史 全二冊　マキァヴェッリ　齊藤寛海訳
リヴァイアサン 全四冊　ホッブズ　水田洋訳
ビヒモス　ホッブズ　山田園子訳
法の精神 全三冊　モンテスキュー　野田良之・稲本洋之助・上原行雄・田中治男・三辺博之・横田地弘訳
ローマ人盛衰原因論　モンテスキュー　田中治男・栗田伸子訳
第三身分とは何か　シィエス　稲本洋之助・伊藤洋一・川出良枝・松本英実訳
教育に関する考察　ロック　服部知文訳
完訳 統治二論　ジョン・ロック　加藤節訳
寛容についての手紙　ジョン・ロック　加藤節・李静和訳
キリスト教の合理性　ジョン・ロック　加藤節訳
ルソー 社会契約論　桑原武夫・前川貞次郎訳
アメリカのデモクラシー 全四冊　トクヴィル　松本礼二訳
犯罪と刑罰　ベッカリーア　風早八十二・五十嵐二葉訳
リンカーン演説集　高木八尺・斎藤光訳
権利のための闘争　イェーリング　村上淳一訳
近代人の自由と古代人の自由・征服の精神と簒奪 他一篇　コンスタン　堤林剣・堤林恵訳
民主主義の本質と価値 他一篇　ハンス・ケルゼン　長尾龍一・植田俊太郎訳
外交談判法　カリエール　坂野正高訳
危機の二十年 —理想と現実　E・H・カー　原彬久訳
アメリカの黒人演説集 —キング・マルコムX・モリスン 他　荒このみ編訳
モーゲンソー 国際政治 —権力と平和 全三冊　原彬久監訳
現代議会主義の精神史的状況 他一篇　カール・シュミット　樋口陽一訳
第二次世界大戦外交史 全二冊　芦田均
憲法講話　美濃部達吉
日本国憲法　長谷部恭男解説
民主体制の崩壊 —危機・崩壊・再均衡　ファン・リンス　横田正顕訳

《経済・社会》〔白〕

政治算術　ペティ　大内兵衛・松川七郎訳
国富論 全四冊　アダム・スミス　水田洋監訳　杉山忠平訳
道徳感情論 全二冊　アダム・スミス　水田洋訳
法学講義　アダム・スミス　水田洋訳
コモン・センス 他三篇　トーマス・ペイン　小松春雄訳
経済学における諸定義　マルサス　玉野井芳郎訳
オウエン自叙伝　ロバアト・オウエン　五島茂訳
戦争論 全三冊　クラウゼヴィッツ　篠田英雄訳
自由論　J・S・ミル　塩尻公明・木村健康訳
ミル自伝　朱牟田夏雄訳
大学教育について　J・S・ミル　竹内一誠訳
功利主義　J・S・ミル　関口正司訳
ユダヤ人問題によせて ヘーゲル法哲学批判序説　マルクス　城塚登訳
経済学・哲学草稿　マルクス　城塚登・田中吉六訳
新編輯版 ドイツ・イデオロギー　マルクス エンゲルス　廣松渉編訳　小林昌人補訳
マルクス エンゲルス 共産党宣言　大内兵衛・向坂逸郎訳
賃労働と資本　マルクス　長谷部文雄訳
賃銀・価格および利潤　マルクス　長谷部文雄訳
マルクス 経済学批判　武田隆夫・遠藤湘吉・大内力・加藤俊彦訳
マルクス 資本論 全九冊　エンゲルス編　向坂逸郎訳

文学と革命 全二冊　トロツキイ　桑野隆訳
ロシア革命史 全五冊　トロツキー　藤井一行訳
空想より科学へ —社会主義の発展　エンゲルス　大内兵衛訳
イギリスにおける労働者階級の状態 —一九世紀のロンドンとマンチェスター 全二冊　エンゲルス　一条和生・杉山忠平訳
帝国主義論 全二冊　ホブスン　矢内原忠雄訳
帝国主義　レーニン　宇高基輔訳
国家と革命　レーニン　宇高基輔訳
ローザ・ルクセンブルク 獄中からの手紙　秋元寿恵夫訳
雇用、利子および貨幣の一般理論 全二冊　ケインズ　間宮陽介訳
シュムペーター 経済発展の理論 全二冊　塩野谷祐一・中山伊知郎・東畑精一訳
シュムペーター 経済学史 —学説ならびに方法の諸段階　中山伊知郎・東畑精一訳
租税国家の危機　シュムペーター　木村元一・小谷義次訳
日本資本主義分析　山田盛太郎
恐慌論　宇野弘蔵
経済原論　宇野弘蔵
資本主義と市民社会 他十四篇　大塚久雄　齋藤英里編
共同体の基礎理論 他六篇　大塚久雄　小野塚知二編

ユートピアだより　ウィリアム・モリス　川端康雄訳
民衆の芸術　ウィリアム・モリス　中橋一夫訳
社会科学と社会政策にかかわる認識の「客観性」　マックス・ヴェーバー　富永祐治・立野保男訳　折原浩補訳
プロテスタンティズムの倫理と資本主義の精神　マックス・ヴェーバー　大塚久雄訳
職業としての学問　マックス・ヴェーバー　尾高邦雄訳
社会学の根本概念　マックス・ヴェーバー　清水幾太郎訳
職業としての政治　マックス・ヴェーバー　脇圭平訳
古代ユダヤ教 全三冊　マックス・ヴェーバー　内田芳明訳
宗教と資本主義の興隆 歴史的研究 全二冊　トーニー　出口勇蔵・越智武臣訳
世論 全二冊　リップマン　掛川トミ子訳
王権　A・M・ホカート　橋本和也訳
鯰絵 —民俗的想像力の世界　C・アウエハント　小松和彦・中沢新一・飯島吉晴・古家信平訳
贈与論 他二篇　マルセル・モース　森山工訳
国民論 他二篇　マルセル・モース　森山工編訳
ヨーロッパの昔話 その形と本質　マックス・リュティ　小澤俊夫訳
独裁と民主政治の社会的起源 —近代世界形成過程における領主と農民 全二冊　バリントン・ムーア　宮崎隆次・森山茂徳・高橋直樹訳
大衆の反逆　オルテガ・イ・ガセット　佐々木孝訳

《自然科学》〔青〕

科学と仮説　ポアンカレ　河野伊三郎訳
エネルギー　オストヴァルト　山県春次訳
光学　ニュートン　島尾永康訳
大陸と海洋の起源 —大陸移動説 全二冊　ヴェーゲナー　都城秋穂・紫藤文子訳
ロウソクの科学　ファラデー　竹内敬人訳
種の起原 全二冊　ダーウィン　八杉龍一訳
完訳ファーブル昆虫記 全十冊　山田吉彦・林達夫訳
確率の哲学的試論　ラプラス　内井惣七訳
史的に見たる科学的宇宙観の変遷　アーレニウス　寺田寅彦訳
科学談義　T・H・ハックスリ　小泉丹訳
アインシュタイン 相対性理論　内山龍雄訳・解説
相対論の意味　アインシュタイン　矢野健太郎訳
自然美と其驚異　ジョン・ラバック　板倉勝忠訳
ダーウィニズム論集　八杉龍一編訳
近世数学史談　高木貞治
ハッブル 銀河の世界　戎崎俊一訳

パロマーの巨人望遠鏡 全二冊　D・O・ウッドベリー　関正雄・湯澤博・成相恭二訳

生物から見た世界　ユクスキュル　クリサート　日高敏隆・羽田節子訳

ゲーデル 不完全性定理　林晋・八杉満利子訳

日本の酒　坂口謹一郎

生命とは何か ―物理的にみた生細胞　シュレーディンガー　岡小天・鎮目恭夫訳

ウィーナー サイバネティックス ―動物と機械における制御と通信　池原止戈夫・彌永昌吉・室賀三郎・戸田巌訳

熱輻射論講義　マックス・プランク　西尾成子訳

コレラの感染様式について　ジョン・スノウ　山本太郎訳

《哲学・教育・宗教》〔青〕

- ソクラテスの弁明・クリトン　プラトン　久保勉訳
- ゴルギアス　プラトン　加来彰俊訳
- 饗宴　プラトン　久保勉訳
- テアイテトス　プラトン　田中美知太郎訳
- パイドロス　プラトン　藤沢令夫訳
- メノン　プラトン　藤沢令夫訳
- 国家 全二冊　プラトン　藤沢令夫訳
- プロタゴラス —ソフィストたち　プラトン　藤沢令夫訳
- パイドン —魂の不死について　プラトン　岩田靖夫訳
- アナバシス —敵中横断六〇〇〇キロ　クセノポン　松平千秋訳
- アリストテレス ニコマコス倫理学 全二冊　高田三郎訳
- アリストテレス 形而上学 全二冊　出隆訳
- アリストテレス 弁論術　戸塚七郎訳
- アリストテレース 詩学・ホラーティウス 詩論　松本仁助・岡道男訳
- 物の本質について　ルクレーティウス　樋口勝彦訳
- エピクロス —教説と手紙　出隆・岩崎允胤訳

- 生の短さについて 他二篇　セネカ　大西英文訳
- 怒りについて 他二篇　セネカ　兼利琢也訳
- エピクテトス 人生談義 全二冊　國方栄二訳
- マルクス・アウレーリウス 自省録　神谷美恵子訳
- 老年について　キケロー　中務哲郎訳
- 友情について　キケロー　中務哲郎訳
- 弁論家について 全二冊　キケロー　大西英文訳
- キケロー書簡集　高橋宏幸編
- エラスムス＝トマス・モア往復書簡　沓掛良彦・高田康成訳
- 方法序説　デカルト　谷川多佳子訳
- 哲学原理　デカルト　桂寿一訳
- 精神指導の規則　デカルト　野田又夫訳
- 情念論　デカルト　谷川多佳子訳
- パンセ 全三冊　パスカル　塩川徹也訳
- 知性改善論　スピノザ　畠中尚志訳
- スピノザ エチカ（倫理学） 全二冊　畠中尚志訳
- モナドロジー 他二篇　ライプニッツ　谷川多佳子・岡部英男訳

- ハイラスとフィロナスの三つの対話　バークリ　戸田剛文訳
- 市民の国について 全二冊　ヒューム　小松茂夫訳
- 自然宗教をめぐる対話　ヒューム　犬塚元訳
- 人間機械論　ド・ラ・メトリ　杉捷夫訳
- エミール 全三冊　ルソー　今野一雄訳
- ルソー 告白 全三冊　桑原武夫訳
- 人間不平等起原論　ルソー　本田喜代治・平岡昇訳
- ルソー 社会契約論　桑原武夫・前川貞次郎訳
- 政治経済論　ルソー　河野健二訳
- 学問芸術論　ルソー　前川貞次郎訳
- 演劇について —ダランベールへの手紙　ルソー　今野一雄訳
- 言語起源論 —旋律と音楽的模倣について　ルソー　増田真訳
- ディドロ、ダランベール編 百科全書 —序論および代表項目　桑原武夫訳編
- ディドロ 絵画について　佐々木健一訳
- 道徳形而上学原論　カント　篠田英雄訳
- 啓蒙とは何か 他四篇　カント　篠田英雄訳
- 純粋理性批判 全三冊　カント　篠田英雄訳

カント 実践理性批判 波多野精一・宮本和吉・篠田英雄訳
判断力批判 全二冊 カント 篠田英雄訳
永遠平和のために カント 宇都宮芳明訳
プロレゴメナ カント 篠田英雄訳
学者の使命・学者の本質 フィヒテ 宮崎洋三訳
シュライエルマッハー 独白 木場深定訳
哲学史序論 —哲学と哲学史 ヘーゲル 武市健人訳
ヘーゲル 政治論文集 全二冊 金子武蔵訳
歴史哲学講義 全二冊 ヘーゲル 長谷川宏訳
法の哲学 —自然法と国家学の要綱 ヘーゲル 上妻精・佐藤康邦・山田忠彰訳
自殺について 他四篇 ショウペンハウエル 斎藤信治訳
読書について 他二篇 ショウペンハウエル 斎藤忍随訳
知性について 他四篇 ショーペンハウエル 細谷貞雄訳
将来の哲学の根本命題 他二篇 フォイエルバッハ 松村一人・和田楽訳
不安の概念 キェルケゴール 斎藤信治訳
死に至る病 キェルケゴール 斎藤信治訳
体験と創作 全二冊 ディルタイ 柴田治三郎・小牧健夫訳

眠られぬ夜のために 全二冊 ヒルティ 草間平作・大和邦太郎訳
幸福論 全三冊 ヒルティ 草間平作・大和邦太郎訳
悲劇の誕生 ニーチェ 秋山英夫訳
ツァラトゥストラはこう言った 全二冊 ニーチェ 氷上英廣訳
道徳の系譜 ニーチェ 木場深定訳
善悪の彼岸 ニーチェ 木場深定訳
この人を見よ ニーチェ 手塚富雄訳
プラグマティズム W・ジェイムズ 桝田啓三郎訳
宗教的経験の諸相 全二冊 W・ジェイムズ 桝田啓三郎訳
純粋経験の哲学 W・ジェイムズ 伊藤邦武編訳
純粋現象学及現象学的哲学考案 全二冊 フッセル 池上鎌三訳
デカルト的省察 フッサール 浜渦辰二訳
愛の断想・日々の断想 ジンメル 清水幾太郎訳
ジンメル宗教論集 深澤英隆編訳
笑い ベルクソン 林達夫訳
道徳と宗教の二源泉 ベルクソン 平山高次訳
物質と記憶 ベルクソン 熊野純彦訳

時間と自由 ベルクソン 中村文郎訳
ラッセル教育論 安藤貞雄訳
ラッセル幸福論 安藤貞雄訳
存在と時間 全四冊 ハイデガー 熊野純彦訳
学校と社会 デューイ 宮原誠一訳
民主主義と教育 全二冊 デューイ 松野安男訳
歴史と自然科学・道徳の原理に就て・聖『プレルーディエン』より ヴィンデルバント 篠田英雄訳
我と汝・対話 マルティン・ブーバー 植田重雄訳
アラン 幸福論 神谷幹夫訳
アラン 定義集 神谷幹夫訳
天才の心理学 E・クレッチュマー 内村祐之訳
英語発達小史 H・ブラッドリ 寺澤芳雄訳
日本の弓術 オイゲン・ヘリゲル述 柴田治三郎訳
饒舌について 他五篇 プルタルコス 柳沼重剛訳
ことばのロマンス —英語の語源 ウィークリー 寺澤芳雄・出淵博訳
人間 —シンボルを操るもの カッシーラー 宮城音弥訳
国家と神話 全二冊 カッシーラー 熊野純彦訳

天才・悪　ブレンターノ　篠田英雄訳
人間の頭脳活動の本質 他一篇　ディーツゲン　小松摂郎訳
プラトン入門　R.S.ブラック　内山勝利訳
反啓蒙思想 他二篇　バーリン　松本礼二編
マキアヴェッリの独創性 他三篇　バーリン　川出良枝編
論理哲学論考　ウィトゲンシュタイン　野矢茂樹訳
自由と社会的抑圧　シモーヌ・ヴェイユ　冨原眞弓訳
根をもつこと 全二冊　シモーヌ・ヴェイユ　冨原眞弓訳
重力と恩寵　シモーヌ・ヴェイユ　冨原眞弓訳
全体性と無限 全二冊　レヴィナス　熊野純彦訳
啓蒙の弁証法 —哲学的断想　M・ホルクハイマー T・W・アドルノ　徳永恂訳
ヘーゲルからニーチェへ —十九世紀思想における革命的断絶 全二冊　レーヴィット　三島憲一訳
統辞構造論 付『言語理論の論理構造』序論　チョムスキー　福井直樹 辻子美保子訳
統辞理論の諸相 方法論序説　チョムスキー　福井直樹 辻子美保子訳
言語変化という問題 —共時態、通時態、歴史　E・コセリウ　田中克彦訳
快楽について　ロレンツォ・ヴァッラ　近藤恒一訳
古代懐疑主義入門 —判断保留の十の方式　J・アナス J・バーンズ　金山弥平訳

ニーチェ みずからの時代と闘う者　ルドルフ・シュタイナー　高橋巖訳
人間精神進歩史 全二冊　コンドルセ　渡辺誠訳
人間の教育 全二冊　フレーベル　荒井武訳
フレーベル自伝　長田新訳
旧約聖書 創世記　関根正雄訳
旧約聖書 出エジプト記　関根正雄訳
旧約聖書 ヨブ記　関根正雄訳
旧約聖書 詩篇　関根正雄訳
新約聖書 福音書　塚本虎二訳
文語訳 新約聖書 詩篇付
文語訳 旧約聖書 全四冊
キリストにならいて　トマス・ア・ケンピス　大沢章 呉茂一訳
聖アウグスティヌス 告白 全二冊　服部英次郎訳
アウグスティヌス 神の国 全五冊　服部英次郎 藤本雄三訳
新訳 キリスト者の自由・聖書への序言　マルティン・ルター　石原謙訳
シュヴァイツェル イエスの生涯 メシアと受難の秘密　シュヴァイツェル　波木居齊二訳
キリスト教と世界宗教　シュヴァイツェル　鈴木俊郎訳

水と原生林のはざまで　シュヴァイツェル　野村実訳
コーラン 全三冊　井筒俊彦訳
エックハルト説教集　田島照久編訳
ムハンマドのことば ハディース　小杉泰編訳
新約聖書外典 ナグ・ハマディ文書抄　荒井献 大貫隆 小林稔 筒井賢治 編訳
後期資本主義における正統化の問題　ハーバーマス　山田正行・金慧訳
シンボルの哲学 —理性、祭礼、芸術のシンボル試論　S・K・ランガー　塚本明子訳
ジャック・ラカン 精神分析の四基本概念 全二冊　ジャック＝アラン・ミレール編　小出浩之 新宮一成 鈴木國文 小川豊昭訳
精神と自然 —生きた世界の認識論　グレゴリー・ベイトソン　佐藤良明訳

《イギリス文学》〔赤〕

ユートピア　トマス・モア　平井正穂訳
完訳カンタベリー物語　全三冊　チョーサー　桝井迪夫訳
ヴェニスの商人　シェイクスピア　中野好夫訳
十二夜　シェイクスピア　小津次郎訳
ハムレット　シェイクスピア　野島秀勝訳
オセロウ　シェイクスピア　菅泰男訳
リア王　シェイクスピア　野島秀勝訳
マクベス　シェイクスピア　木下順二訳
ソネット集　シェイクスピア　高松雄一訳
ロミオとジューリエット　シェイクスピア　平井正穂訳
リチャード三世　シェイクスピア　木下順二訳
対訳シェイクスピア詩集　―イギリス詩人選(1)　柴田稔彦編
から騒ぎ　シェイクスピア　喜志哲雄訳
言論・出版の自由　他一篇　―アレオパジティカ　ミルトン　原田純訳
失楽園　全二冊　ミルトン　平井正穂訳
ロビンソン・クルーソー　全二冊　デフォー　平井正穂訳

奴婢訓　他一篇　スウィフト　深町弘三訳
ガリヴァー旅行記　スウィフト　平井正穂訳
ジョウゼフ・アンドルーズ　全二冊　フィールディング　朱牟田夏雄訳
トリストラム・シャンディ　全三冊　ロレンス・スターン　朱牟田夏雄訳
ウェイクフィールドの牧師　―むだばなし　ゴールドスミス　小野寺健訳
幸福の探求　―アビシニアの王子ラセラスの物語　サミュエル・ジョンソン　朱牟田夏雄訳
対訳ブレイク詩集　―イギリス詩人選(4)　松島正一編
対訳ワーズワス詩集　―イギリス詩人選(3)　山内久明編
湖の麗人　スコット　入江直祐訳
キプリング短篇集　橋本槙矩編訳
高慢と偏見　全二冊　ジェーン・オースティン　富田彬訳
ジェイン・オースティンの手紙　新井潤美編訳
マンスフィールド・パーク　全二冊　ジェイン・オースティン　新井潤美・宮丸裕二訳
シェイクスピア物語　全二冊　チャールズ・ラム　メアリー・ラム　安藤貞雄訳
デイヴィッド・コパフィールド　全五冊　ディケンズ　石塚裕子訳
炉辺のこほろぎ　ディケンズ　本多顕彰訳
ボズのスケッチ　短篇小説篇　全二冊　ディケンズ　藤岡啓介訳

アメリカ紀行　全二冊　ディケンズ　伊藤弘之・下笠徳次・隈元貞広訳
イタリアのおもかげ　ディケンズ　伊藤弘之・下笠徳次・隈元貞広訳
大いなる遺産　全二冊　ディケンズ　石塚裕子訳
荒涼館　全四冊　ディケンズ　佐々木徹訳
鎖を解かれたプロメテウス　シェリー　石川重俊訳
ジェイン・エア　全二冊　シャーロット・ブロンテ　河島弘美訳
嵐が丘　全二冊　エミリー・ブロンテ　河島弘美訳
アルプス登攀記　全二冊　ウィンパー　浦松佐美太郎訳
アンデス登攀記　全二冊　ウィンパー　大貫良夫訳
ハーディ　テス　全二冊　井上宗次・石田英二訳
緑の木蔭　和蘭派田園画　トマス・ハーディ　阿部知二訳
ジーキル博士とハイド氏　スティーヴンスン　海保眞夫訳
南海千一夜物語　スティーヴンスン　中村徳三郎訳
若い人々のために　他十一篇　スティーヴンスン　岩田良吉訳
怪談　―不思議なことの物語と研究　ラフカディオ・ハーン　平井呈一訳
ドリアン・グレイの肖像　オスカー・ワイルド　富士川義之訳
サロメ　ワイルド　福田恆存訳

- 嘘から出た誠　ワイルド　岸本一郎訳
- 童話集 幸福な王子 他八篇　オスカー・ワイルド　富士川義之訳
- 分らぬもんですよ　バァナード・ショウ　市川又彦訳
- ヘンリ・ライクロフトの私記　ギッシング　平井正穂訳
- 南イタリア周遊記　ギッシング　小池滋訳
- 闇の奥　コンラッド　中野好夫訳
- 密偵　コンラッド　土岐恒二訳
- 対訳 イエイツ詩集　高松雄一編
- 月と六ペンス　モーム　行方昭夫訳
- 人間の絆 全三冊　モーム　行方昭夫訳
- サミング・アップ　モーム　行方昭夫訳
- モーム短篇選 全二冊　行方昭夫編訳
- アシェンデン —英国情報部員のファイル　モーム　中島賢二・岡田久雄訳
- お菓子とビール　モーム　行方昭夫訳
- ダブリンの市民　ジョイス　結城英雄訳
- 荒地　T・S・エリオット　岩崎宗治訳
- 悪口学校　シェリダン　菅泰男訳

- オーウェル評論集　小野寺健編訳
- パリ・ロンドン放浪記　ジョージ・オーウェル　小野寺健訳
- 動物農場 —おとぎばなし　ジョージ・オーウェル　川端康雄訳
- 対訳 キーツ詩集 —イギリス詩人選(10)　宮崎雄行編
- キーツ詩集　中村健二訳
- 阿片常用者の告白　ド・クインシー　野島秀勝訳
- オルノーコ 美しい浮気女　アフラ・ベイン　土井治訳
- イギリス名詩選　平井正穂編
- タイム・マシン 他九篇　H・G・ウエルズ　橋本槇矩訳
- 解放された世界　H・G・ウェルズ　浜野輝訳
- 大転落　イヴリン・ウォー　富山太佳夫訳
- 回想のブライズヘッド 全二冊　イーヴリン・ウォー　小野寺健訳
- 愛されたもの　イーヴリン・ウォー　中村健二・出淵博訳
- 対訳 ジョン・ダン詩集 —イギリス詩人選(2)　湯浅信之編
- フォースター評論集　小野寺健編訳
- 白衣の女 全三冊　ウィルキー・コリンズ　中島賢二訳
- アイルランド短篇選　橋本槇矩編訳

- 対訳 ブラウニング詩集 —イギリス詩人選(6)　富士川義之編
- 灯台へ　ヴァージニア・ウルフ　御輿哲也訳
- 船出 全二冊　ヴァージニア・ウルフ　川西進訳
- フランク・オコナー短篇集　阿部公彦訳
- たいした問題じゃないが —イギリス・コラム傑作選　行方昭夫編訳
- 英国ルネサンス恋愛ソネット集　岩崎宗治編訳
- 文学とは何か —現代批評理論への招待 全二冊　テリー・イーグルトン　大橋洋一訳
- D・G・ロセッティ作品集　南條竹則・松村伸一編訳
- 真夜中の子供たち 全二冊　サルマン・ラシュディ　寺門泰彦訳

《アメリカ文学》〔赤〕

- ギリシア・ローマ神話 付インド・北欧神話 — ブルフィンチ 野上弥生子訳
- 中世騎士物語 — ブルフィンチ 野上弥生子訳
- フランクリン自伝 — 松本慎一 西川正身訳
- フランクリンの手紙 — 蕗沢忠枝編訳
- スケッチ・ブック 全二冊 — アーヴィング 齊藤昇訳
- アルハンブラ物語 全二冊 — アーヴィング 平沼孝之訳
- ウォルター・スコット邸訪問記 — アーヴィング 齊藤昇訳
- エマソン論文集 全二冊 — 酒本雅之訳
- 完訳 緋文字 — ホーソーン 八木敏雄訳
- 哀詩 エヴァンジェリン — ロングフェロー 斎藤悦子訳
- 黒猫・モルグ街の殺人事件 他五篇 — ポオ 中野好夫訳
- 対訳 ポー詩集 —アメリカ詩人選(1) — 加島祥造編
- ユリイカ — ポオ 八木敏雄訳
- ポオ評論集 — 八木敏雄編訳
- 森の生活 (ウォールデン) 全二冊 — ソロー 飯田実訳
- 市民の反抗 他五篇 — H・D・ソロー 飯田実訳
- 白鯨 全三冊 — メルヴィル 八木敏雄訳
- ビリー・バッド — メルヴィル 坂下昇訳
- ホイットマン自選日記 全二冊 — 杉木喬訳
- 対訳 ホイットマン詩集 —アメリカ詩人選(2) — 木島始編
- 対訳 ディキンソン詩集 —アメリカ詩人選(3) — 亀井俊介編
- 不思議な少年 — マーク・トウェイン 中野好夫訳
- 王子と乞食 — マーク・トウェーン 村岡花子訳
- 人間とは何か — マーク・トウェイン 中野好夫訳
- ハックルベリー・フィンの冒険 全二冊 — マーク・トウェイン 西田実訳
- いのちの半ばに — ビアス 西川正身訳
- 新編 悪魔の辞典 — ビアス 西川正身編訳
- ねじの回転 デイジー・ミラー — ヘンリー・ジェイムズ 行方昭夫訳
- あしながおじさん — ジーン・ウェブスター 遠藤寿子訳
- 荒野の呼び声 — ジャック・ロンドン 海保眞夫訳
- ノリス 死《マクティーグ》の谷 全二冊 — 石田英二 井上宗次訳
- 響きと怒り 全二冊 — フォークナー 平石貴樹 新納卓也訳
- アブサロム、アブサロム! 全二冊 — フォークナー 藤平育子訳
- 八月の光 全二冊 — フォークナー 諏訪部浩一訳
- 武器よさらば 全二冊 — ヘミングウェイ 谷口陸男訳
- オー・ヘンリー傑作選 — 大津栄一郎訳
- 黒人のたましい — W・E・B・デュボイス 木島始 鮫島重俊 黄寅秀訳
- フィッツジェラルド短篇集 — 佐伯泰樹編訳
- アメリカ名詩選 — 亀井俊介 川本皓嗣編
- 青白い炎 — ナボコフ 富士川義之訳
- 風と共に去りぬ 全六冊 — マーガレット・ミッチェル 荒このみ訳
- 対訳 フロスト詩集 —アメリカ詩人選(4) — 川本皓嗣編
- とんがりモミの木の郷 他五篇 — セアラ・オーン・ジュエット 河島弘美訳

《歴史・地理》〔青〕

- 新訂 魏志倭人伝・後漢書倭伝・宋書倭国伝・隋書倭国伝 —中国正史日本伝1　石原道博編訳
- ヘロドトス 歴史 全三冊　松平千秋訳
- トゥーキュディデース 戦史 全三冊　久保正彰訳
- ガリア戦記　カエサル　近山金次訳
- タキトゥス ゲルマーニア　泉井久之助訳註
- タキトゥス 年代記 —ティベリウス帝からネロ帝へ 全二冊　国原吉之助訳
- ランケ 世界史概観 —近世史の諸時代　鈴木成高・相原信作訳
- ランケ自伝　林健太郎訳
- 歴史とは何ぞや　ベルンハイム　坂口昂・小野鉄二訳
- 歴史における個人の役割　プレハーノフ　木原正雄訳
- 古代への情熱 —シュリーマン自伝　シュリーマン　村田数之亮訳
- 大君の都 —幕末日本滞在記 全三冊　オールコック　山口光朔訳
- アーネスト・サトウ 一外交官の見た明治維新 全二冊　坂田精一訳
- ベルツの日記 全二冊　トク・ベルツ編　菅沼竜太郎訳
- 武家の女性　山川菊栄
- インディアスの破壊についての簡潔な報告　ラス・カサス　染田秀藤訳

- ラス・カサス インディアス史 全七冊　長南実訳　石原保徳編
- コロンブス 全航海の報告　林屋永吉訳
- 戊辰物語　東京日日新聞社会部編
- 大森貝塚 —付 関連史料　E・S・モース　近藤義郎・佐原真編訳
- ナポレオン言行録　オクターヴ・オブリ編　大塚幸男訳
- 中世的世界の形成　石母田正
- 日本の古代国家　石母田正
- クリオの顔 歴史随想集　E・H・ノーマン　大窪愿二編訳
- 日本における近代国家の成立　E・H・ノーマン　大窪愿二訳
- 旧事諮問録 —江戸幕府役人の証言 全二冊　旧事諮問会編　進士慶幹校注
- 朝鮮・琉球航海記 —一八一六年アマースト使節団とともに　ベイジル・ホール　春名徹訳
- ローマ皇帝伝 全二冊　スエトニウス　国原吉之助訳
- アリランの歌 —ある朝鮮人革命家の生涯　ニム・ウェールズ　キム・サン　松平いを子訳
- ヒュースケン日本日記 —1855〜61　青木枝朗訳
- さまよえる湖 全二冊　ヘディン　福田宏年訳
- 老松堂日本行録 —朝鮮使節の見た中世日本　宋希環　村井章介校注
- 十八世紀パリ生活誌 —タブロー・ド・パリ 全二冊　メルシエ　原宏編訳

- 北槎聞略 —大黒屋光太夫ロシア漂流記　桂川甫周　亀井高孝校訂
- ヨーロッパ文化と日本文化　ルイス・フロイス　岡田章雄訳注
- ギリシア案内記 全二冊　パウサニアス　馬場恵二訳
- 西遊草　清河八郎　小山松勝一郎校注
- オデュッセウスの世界　フィンリー　下田立行訳
- 東京に暮す —一九二八〜一九三六　キャサリン・サンソム　大久保美春訳
- ミカド —日本の内なる力　W・E・グリフィス　亀井俊介訳
- 増補 幕末百話　篠田鉱造
- 明治百話 全二冊　篠田鉱造
- 幕末明治 女百話 全二冊　篠田鉱造
- トゥバ紀行　メンヒェン=ヘルフェン　田中克彦訳
- 徳川時代の宗教　R・N・ベラー　池田昭訳
- ある出稼石工の回想　マルタン・ナド　喜安朗訳
- 植物巡礼 —プラント・ハンターの回想　F・キングドン-ウォード　塚谷裕一訳
- モンゴルの歴史と文化　ハイシッヒ　田中克彦訳
- ローマ建国史 全三冊(既刊上巻)　リーウィウス　鈴木一州訳
- 元治夢物語 —幕末同時代史　馬場文英　徳田武校注

岩波文庫の最新刊

トマス・リード著／戸田剛文訳

人間の知的能力に関する試論（下）

概念、抽象、判断、推論、嗜好。人間の様々な能力を「常識」によって基礎づけようとするリードの試みは、議論の核心へと至る。（全二冊）

〔青N六〇六-二〕　定価一八四八円

藤岡洋保編

堀口捨己建築論集

茶室をはじめ伝統建築を自らの思想に昇華し、練達の筆により建築論を展開した堀口捨己。孤高の建築家の代表的論文を集録する。

〔青五八七-一〕　定価一〇〇一円

今枝由郎・海老原志穂編訳

ダライ・ラマ六世恋愛詩集

ダライ・ラマ六世（一六八三-一七〇六）は、二三歳で夭折したチベットを代表する国民詩人。民衆に今なお愛誦されている、リズム感溢れる恋愛詩一〇〇篇を精選。

〔赤六九-一〕　定価五五〇円

バジョット著／遠山隆淑訳

イギリス国制論（上）

イギリスの議会政治の動きを分析し、議院内閣制のしくみを描き出した古典的名著。国制を「尊厳的部分」と「実効的部分」にわけて考察を進めていく。（全二冊）

〔白一二二-二〕　定価一〇七八円

……今月の重版再開……

小林秀雄著

小林秀雄初期文芸論集

定価一二七六円

〔緑九五-一〕

ロバート・A・ダール著／高畠通敏、前田脩訳

ポリアーキー

定価一二七六円

〔白二九-一〕

定価は消費税10％込です　　2023.3

岩波文庫の最新刊

幸徳秋水著／梅森直之校注

兆民先生 他八篇

幸徳秋水(一八七一―一九一一)は、中江兆民(一八四七―一九〇一)に師事して、その死を看取った。秋水による兆民の回想録は明治文学の名作である。「兆民先生行状記」など八篇を併載。〔青一二五―四〕 定価七七〇円

グレゴリー・ベイトソン著／佐藤良明訳

精神の生態学へ(上)

ベイトソンの生涯の知的探究をたどる。上巻はメタローグ・人類学篇。頭をほぐす父娘の対話から、類比を信頼する思考法、分裂生成とプラトーの概念まで。(全三冊)〔青N六〇四―一〕 定価一一五五円

カール・ポパー著／小河原誠訳

開かれた社会とその敵 第一巻 プラトンの呪縛(下)

プラトンの哲学を全体主義として徹底的に批判し、こう述べる。「人間でありつづけようと欲するならば、開かれた社会への道しか存在しない。」(全四冊)〔青N六〇七―二〕 定価一四三〇円

佐々木徹編訳

英国古典推理小説集

ディケンズ『バーナビー・ラッジ』とポーによるその書評、英国最初の長篇推理小説と言える本邦初訳『ノッティング・ヒルの謎』を含む、古典的傑作八篇。〔赤N二〇七―一〕 定価一四三〇円

……今月の重版再開……

ガーネット作／安藤貞雄訳

狐になった奥様

定価六二七円〔赤二九七―一〕

アンドレ・ジイド著／渡辺一夫訳

モンテーニュ論

定価四八四円〔赤五五九―一〕